그림으로 읽는

한국
근대의
풍경

그림으로 읽는 한국 근대의 풍경

저자_ 이충렬

1판 1쇄 인쇄_ 2011. 5. 28.
1판 4쇄 발행_ 2011. 8. 27.

발행처_ 김영사
발행인_ 박은주

등록번호_ 제406-2003-036호
등록일자_ 1979. 5. 17.

경기도 파주시 교하읍 문발리 출판단지 515-1 우편번호 413-756
마케팅부 031)955-3100, 편집부 031)955-3250, 팩시밀리 031)955-3111

저작권자 ⓒ 2011 이충렬
이 책은 저작권법에 의해 보호를 받는 저작물이므로
저자와 출판사의 허락 없이 내용의 일부를 인용하거나 발췌하는 것을 금합니다.

Copyright ⓒ 2011 Lee Choong Ryul
All rights reserved including the rights of reproduction
in whole or in part in any form. Printed in Korea.

값은 뒤표지에 있습니다.
ISBN 978-89-349-5088-2 03900

독자의견 전화_ 031)955-3200
홈페이지_ http://www.gimmyoung.com
이메일_ bestbook@gimmyoung.com

좋은 독자가 좋은 책을 만듭니다.
김영사는 독자 여러분의 의견에 항상 귀 기울이고 있습니다.

그림으로 읽는

한국
근대의
풍경

이충렬 지음

김영사

일러두기

01 본문에서 한국과 조선이라는 국가 명칭을 문맥에 따라 달리 표기했다. 대한제국 건국 이전이거나 일본과 식민지로서의 관계가 부각될 때는 '조선'으로, 서구와 접촉하는 근대 국가로서의 관계가 부각될 경우에는 '한국'으로 표기했다.
02 본문에 인용되는 한글문헌은 현대어에 맞추어 수정하였다.

서문

마침내, 우리 근대를 만나다

우리 근대에는 조선왕조·대한제국의 멸망과 일제강점 그리고 광복과 분단, 한국전쟁이라는 거대한 역사의 소용돌이가 있었다. 전통과 서구문명이 충돌하며 수구와 개혁이 대립했고, 식민지 시대와 해방 후 이념의 격투는 상실과 아픔을 남겼다. 그리고 분단의 고통은 아직도 현재진행형이다.

이처럼 근대사는 파란만장했지만, 의외로 학계의 연구는 다양한 시선에서 이루어지지 못하고 있는 것 같다. 식민사관의 영향 유무에 따라, 이념적 성향에 따라, 논자에 따라 주장과 평가가 엇갈리는 형편이니, 일반인들은 접근하기가 쉽지 않다.

그러나 근대를 사유하지 않고서, 우리가 어떻게 분단과 전쟁의 상처를 딛고 일어나 오늘에 이를 수 있었는지를 알 수 있을까? 근대는 가장 가까운 과거인데도 아득히 멀게만 느껴지는 이유가 뭘까? 왜 우리의 시선은 아직도 차단과 굴절에 갇혀 있는가? 우리에게 근대는 '상실의 시대', '잃어버린 시대' 인가?

이 책의 출발은 여기다. 이 시대를 지나온 우리의 자취를 꼼꼼히 살피고 자유롭게 바라보고 싶었다. 우리가 자칫 놓치고 있었거나, 혹은 짐짓 외면해온 질문들을 여러 각도에서 던져보고 싶었다. 우리 근대는 어떻게 시작되었는가? 근대의 문화예술은 어떻게 꽃피었는가? 사람들은 어떤 생각을 하고, 무엇을 고민하며, 어디에서 희망을 찾았는가? 그 시대는 무엇을 지켰고, 무엇을 잃었는가?

그 답은 의외로 가까이에서 찾을 수 있었다. 나는 그림을 통해 그 시대를 자유롭게 만날 수 있었다. 그림에 등장하는 인물, 사건, 장소에서 역사의 흔적과 사람의 이야기를 좇았다. 봉건시대가 막을 내리고 근대가 시작되어 전개되는 과정, 그 시기를 관통했던 주요한 정치적 사건과 사회문화사를 그림은 증언하고 있었다.

이 책에는 1898년부터 1958년 사이에 그려진 외국 화가들과 우리 화가들의 그림 86점이 소개된다. 우리나라 근대 화가의 작품 중 당대의 삶이나 역사적인 풍경을 사실적으로 묘사한 것이 그리 많지 않아, 그림 선정이 쉽지 않았다. 단원 김홍도, 혜원 신윤복으로 대표되던 조선 후기 풍속화의 맥이 어떤 이유 때문인지 근대에는 끊어졌다. 또 우리 서양화의 역사는 1915년 춘곡 고희동이 일본의 도쿄 미술학교에 유학하면서 시작되었지만, 그를 비롯해 그 뒤를 이은 김관호·김찬영 등 최초의 서양화가들은 유학에서 돌아온 후 사회의 서양화 경시 풍조에 좌절하면서 붓을 꺾었다. 국내에서 서양화는 1920년대 후반에 가서야 풍경화다운 풍경화가 나올 정도로 늦게 시작되었다. 한편 근대에 우리나라를 방문했던 외국인 화가들은 당시의 시대상과 삶의 모습을 그린 작품들을 상당수 남겼고, 외국에 살고 있는 나는 오래전부터 이들의 작품을 접할 수 있었다. 우리의 근대사를 큰 공백 없이 살필 수 있었던 것은, 당시 우리나라를 방문했던 외국인 화가들이 남긴 그림 덕분이었다.

그리고 《고종실록》이나 《순종실록》의 기록, 당시 일본 통감부와 외무성의 (비밀)문서, 미국 국무부 문서, 재판기록, 〈황성신문〉이나 〈독립신문〉 등 당시 신문 기사를 인용했다. 1차 자료에 대한 정보가 많으면 많을수록 독자들이 역사적 사건을 객관적으로 판단하는 데 도움이 될 것이라 생각했기 때문이다.

그림 속의 주인공이 누구인지를 추적하고, 그에 담긴 일화들을 밝히는 것이 쉽지 않았지만, 흥미진진했다. 때로는 탐정소설 속의 주인공이 된 듯한 착각이 들었고, 수북하던 자료가 조금씩 줄어가다가 마침내 주인공의 정체가 드러날 때는 짜릿함과 함께 보람이 느껴졌다. 개혁과 수구의 대립이 가장 치열하게 전개되었던 조선 후기에서 식민정책의 억압하에서도 욕망과 낭만이 꽃피었던 일제강점기, 희망과 좌절이 교차되었던 해방과 분단 후까지, 오늘의 현대사를 낳은 결정적 기로의 시기를 빼곡히 채웠던 이야기와 기록들을 그렇게 촘촘히 추적했다.

네덜란드계 미국인 화가 휴버트 보스는 정동 언덕 위에서 세종로 일대와 옛 광화문을 바라보며 1898년의 서울 풍경을 남김으로써 개항 초기의 분위기를 보여주었다. 1919년 3·1만세운동 직후 우리나라를 방문한 영국 화가 엘리자베스 키스는 다양하고 풍성한 작품들로 양적으로나 질적으로나 단연 압도적이다. 무명의 여성 독립운동가부터 나막신을 만드는 장인, 조선의 마지막 황후와 방탕에 빠진 귀족들, 크리스마스실 도안까지, 우리 근대의 모습을 생생하게 기록했다. 무엇보다 안중근 의사가 이토 히로부미를 저격하는 모습을 그린 삽화를 1909년의 이탈리아 군사 잡지에서 찾아 책에 소개한 것은, 국내 최초 발굴로 의미 있는 사료다.

1920년 릴리언 밀러가 그린 한강과 대동강의 황포돛배와 내금강 마하연의 절경은 이제는 사라져 다시 볼 수 없는 근대의 귀한 풍경이다. 글을 쓰는 내내 그림으로나마 풍경을 전해준 밀러에게 고마운 마음이 떠나지 않았다. 프랑스 화가 폴 자쿨레의 대표작 중 한 점인 〈도공〉을 통해서는 고려청자의 빛을 재현하는 열풍이 일제강점기에 일었음을 유추할 수 있었다.

1950년대에 우리나라를 세 차례 방문해 재래시장과 농촌에서의 치열한 삶의 모습을 화폭에 담은 독일계 미국 화가 윌리 세일러의 작품은, 전쟁 이후를 견디는 고단한 삶이 어떠했는지를 잘 보여준다. 러시아 동포 3세 화가 변월룡 화백이 1953년 9월부터 다음 해까지 북한에 체류하면서 그린 작품을 통해서는 한국전쟁 후 북한의 모습을 짐작할 수 있었다. 김구 선생과 함께 남북연석회의에 참석하기 위해 평양을 방문했던 《임꺽정》의 저자 벽초 홍명희가 김일성과 함께 나란히 앉은 모습을 그린 변월룡의 작품은, 북한에 남은 홍명희의 모습이 어떠했는지를 보여주는 사료적 가치가 크다고 판단해 최초로 공개했다.

책을 준비하면서 많은 분의 도움을 받았다. 소개된 작품에 보이는 근대의 건물에 대해 꼼꼼하게 자문해준 우리문화재자료연구소 이순우 소장, 러시아에 거주하는 변월룡 화백의 유족에게 연락해서 도판 사용 허락을 받아준 문영대 변월룡미술연구소 소장, 엘리자베스 키스 그림 이미지를 제공해준 송영달 이스트캐롤라이나 명예교수, 한문 자료를 번역해준 한국고전번역원의 오세옥 선생, 도판 사용을 허락해준 각 화가와 유족, 여러 미술관·박물관에 깊은 감사를 드린다.

김영사와는 세 번째 인연이다. 또다시 흔쾌하게 출판을 허락해준 박은주 사장과 졸고를 다듬어 좋은 책으로 만들어준 편집부, 디자인부의 여러분께 감사를 표한다.

이 책을 읽은 독자들이 우리의 근대사가 수난과 역경 속에서도 존엄과 자긍심을 지켜낸 역사였고, 그래서 오늘의 삶이 있으며, 미래에 희망이 있다는 자부심을 갖게 된다면, 필자로서 더없는 기쁨이겠다.

2011년 봄, 이충렬

차례

서문 마침내, 우리 근대를 만나다　　5

01 1898년, 주인 없는 경복궁에서　　14
02 쓸쓸한 대한제국의 황제, 위풍당당한 친인척　　24
03 파리 만국박람회와 황제의 밀사　　33
04 안중근 의거, 근대 신문은 어떻게 보도했나?　　44
05 망국 후, 나라 잃은 백성의 세 가지 모습　　54
06 누가 마지막 황후의 눈물을 닦아줄 것인가?　　67
07 한강과 대동강을 수놓던 황포돛배는 사라지고…　　80
08 초등학교 선생도 칼 차고 조회하던 1919년　　90
09 덕혜 옹주가 다닌 유치원과 초등학교　　98
10 서당이 사라진 진짜 이유　　105
11 동양척식주식회사는 각성하라!　　112
12 꽃 비단신을 누른 고무신 열풍　　119
13 조선왕조 궁중음악의 수난과 보존　　127
14 조선의 도공이여, 고려청자의 비색을 재현하라　　134
15 근대에 가장 인기 있었던 관광지는?　　144
16 신여성과 모던걸들의 산실, 여학교　　156

17	모던걸 변동림과 천재 시인 이상의 뜨거운 사랑	174
18	근대의 불치병 결핵과 크리스마스실 운동	182
19	침묵과 순종, 분노와 감격의 '해방고지'	195
20	일제강점 36년의 상처와 잔재	204
21	우익과 좌익으로 갈라진 한반도	213
22	이념의 희생양이 된 전설의 무희	221
23	민족 최대의 비극, 한국전쟁	237
24	피난살이와 부산 천막학교	248
25	휴전협정과 포로 송환	258
26	전쟁이 남긴 상처들, 그리고 재건	269
27	근대에서 현대로!	278

주	289	
참고문헌		291
수록 작품 찾아보기		293
인물 찾아보기		295

01

1898년,
주인 없는 경복궁에서

　우리 근대사에는 슬픔과 고통이 진하게 배어 있다. '서세동점西勢東漸'의 세계사적 흐름은 '조용한 아침의 나라' 조선이 감당하기 어려운 거대한 파도였고, 우리의 근대는 결국 외세의 압력에 의해 시작되었다. 우리나라 근대의 시작을 언제로 잡을 것인지에 대해서는 아직도 학계의 의견이 분분하지만, 1876년 부산 개항과 1880년 원산 개항 그리고 1883년 제물포(인천) 개항을 근대의 시작으로 보는 학자가 많다.

　네덜란드계 미국인 화가 휴버트 보스Hubert Vos가 1898년 조선을 방문해서 그린 〈서울 풍경〉은 근대가 막 시작되고 있는 서울의 모습을 잘 보여준다. 그림 오른쪽 멀리 보이는 경복궁 건물 세 채 중 맨 앞이 정문인 광화문이고, 그 뒤가 근정전이며 맨 뒤가 경회루다. 광화문을 출입문으로 하는 경복궁은 조선왕조의 정궁正宮으로, 당시 서울을 대표하는 상징적인 건물로서 위풍당당한 모습이다. 그러나 이 경복궁에는 우리나라 근대의 고통스러운 역사가 고스란히 담겨 있다.

　1865년(고종2) 4월, 흥선대원군은 임진왜란(1592) 때 불탄 경복궁을

휴버트 보스, 〈서울 풍경〉, 캔버스에 유채, 31×88cm, 1898년, 국립현대미술관 소장.

중건하기 시작했다. 공사는 3년 4개월 만에 끝났고, 고종은 1868년 7월 새로 지은 경복궁에 입주했다. 그러나 4만여 명의 백성을 강제 동원하고, 엄청난 중건비용을 충당하기 위해 강제로 기부금을 받고 당백전을 주조해 경제를 파탄시키는 등, 경복궁 중건공사는 나라의 기강을 뿌리째 흔들었다.

이 무렵 러시아 함대는 원산, 프랑스 함대는 한강, 미국의 제너럴셔먼호는 대동강에 나타나 조선을 위협했다. 고종은 불안한 상황이 계속되자 민 왕후(명성황후의 당시 호칭)의 도움을 받아 대리청정을 하던 흥선대원군의 권한을 환수하고 직접 통치에 나섰다. 그리고 부산, 원산, 제물포 등의 항구를 개방하는 등 적극적인 개화정책을 펼쳤다.

개항이 되자 일본을 비롯한 중국, 러시아, 미국, 독일, 영국 등 수많은 외국 배가 조선에 왔다. 그러나 1882년 임오군란과 1884년 갑신정변 그리고 1894년 동학혁명 진압 과정에서 조선왕조는 대외적으로 허약함을 노출했고, 일본·청나라·러시아 세 나라는 호시탐탐 조선을 노렸다. 정국은 극도로 혼미했고, 휴버트 보스가 〈서울 풍경〉을 그린 1898년에 고종은 경복궁에 없었다. 왕은 어디로 갔을까?

개항 이후 일본과 중국, 러시아는 조선을 자신들의 독점적 영향권 아래 두기 위해 치열한 각축전을 벌였다. 그중 일본이 가장 적극적이었는데, 1894년 청일전쟁 승리를 발판으로 대륙과 한반도 침략 야욕을 본격적으로 드러냈다. 그러나 당시 국정에 깊이 관여하던 명성황후가 일본에 대해 비우호적인 태도를 보이자, 1895년(고종32) 10월 8일 새벽 미우라 고로三浦梧樓 서울 주재 일본 공사의 지휘 아래 〈한성신보韓城新報〉 주필 구니토모 시게아키國友重章가 일본에서 건너온 자객(낭인浪人)들을 이끌고 경복궁 내 건청궁에 침입해 명성황후를 무참히 시해하고 시신을 불태웠다. 이른바 '을미사변'이다.

그러나 소장 역사학자들은 명성황후가 처참하게 살해된 역사적 사실을 을미사변이라고 부르는 것은 적절하지 않다며 '명성황후 시해참변'이 좀더 정확한 표현이라고 주장한다.

이 참변 이후 들어선 친일 김홍집 내각은 음력을 폐지하고 양력을 도입하는 등의 내용을 골자로 하는 을미개혁을 선포하고, 성인 남자들은 모두 상투를 자르라는 단발령을 내린다. 그러나 백성들은 단발령을 인륜을 파괴하는 야만적 조치로 여겼고, 개화를 '일본화'로 받아들였다.

결국 단발령은 명성황후 시해참변 이후 팽배해 있던 반일감정을 폭발시키는 기폭제가 되었고, 전국 각지에서 의병이 일어났다(을미의병).

이 틈에 고종은 일본의 간섭에서 벗어나기 위해, 1896년 2월 11일 경복궁을 나와 경운궁(지금의 덕수궁) 옆에 있는 러시아 공사관으로 피신했다(아관파천俄館播遷). 김홍집의 친일 내각은 붕괴되었고, 새로 구성된 친 러시아 내각은 흐트러진 민심을 수습하기 위해 단발령을 철회했다.

그렇게 1년 동안 러시아 공사관에 머물면서 정국을 운영하던 고종은, 1897년 2월 환궁할 때 경복궁으로 가지 않고 경운궁으로 갔다. 당시 경운궁 주변에는 외국 공관들이 모여 있어, 일본이 함부로 군사를 동원할 수 없을 거라고 판단했기 때문이다. 이런 이유로 경복궁은 1896년 이후 계속 비어 있었던 것이다.

당시 정치적으로 몹시 불안정했던 조선에 배를 타고 들어온 외국인들 중에는 자국의 정치적·경제적 이익을 극대화하려는 외교관과 상인이 많았다. 간간이 기독교 선교사들도 함께 왔는데, 이들은 주목적인 선교를 하면서 서양식 교육과 의학을 조선에 소개하는 데에도 앞장을 섰다. 배재학당을 세운 아펜젤러H. G. Appenzeller, 연희전문의 언더우드H. G. Underwood, 숭실학당의 베어드W. M. Baird, 제중원의 앨런H. N. Allen, 여성 전문 병원인 보구여관의 로제타 셔우드 홀Rosetta Sherwood Hall 등.

외교관과 선교사들이 어느 정도 자리를 잡고 활동하기 시작하자, 소수지만 호기심 많은 언론인과 여행가 그리고 화가들도 하나둘 극동의 아직 알려지지 않은 나라 조선을 찾아왔다. 특히 이때 방문한 화가들은 당시의 사회상을 엿볼 수 있는 그림들을 남겼다.

콘스턴스 테일러, 〈서울 거리 풍경〉, 수채, 크기 미상, 1894~1901년경, 소장처 미상.

　스코틀랜드 화가 콘스턴스 테일러Constance J. Tayler는 1894년경부터 몇 차례 방문해서 그린 서울 풍경을 자신의 책《코리아앳홈Korea at Home》(1904)에 남겼다. 이보다 앞선 1886년에는 영국의 탐험가 영허즈번드F. E. Younghusband가 백두산에 올라 수채화로 그린 〈천지 풍경〉을 여행기에 싣는 등 많은 화가와 여행가가 '은둔의 나라' 조선을 신기하게 둘러본 후 그 모습을 유럽과 미국의 여러 잡지에 글과 그림으로 전했다.
　1894~1897년, 네 차례에 걸쳐 조선을 다녀간 영국의 여행가 이사벨라 비숍(Isabella Bird Bishop, 1831~1904)은 자신의 책《조선과 그 이웃 나라들Korea And Her Neighbors》(1897)에 서울을 묘사하면서 "인구 25만

명의 도시 서울은 다른 나라들의 큰 수도와 비교해 당당할 자격이 있고, 다른 어느 나라의 수도보다 아름답다"고 극찬했다.

그러나 당시의 작품들은 대개 책에 소개된 도판으로만 전할 뿐 원화는 거의 남아 있지 않고 작품의 수준도 그다지 높지 않다. 다만 〈서울 풍경〉을 그린 휴버트 보스는 개항 초기에 조선을 방문했던 다른 화가들의 작품과 비교할 때 회화적 수준이 월등히 높고, 원화가 후손들에 의해 잘 보존되어 전하고 있다.

〈서울 풍경〉의 오른쪽에는 흰옷을 입고 거리를 활보하는 사람들의 모습이 보이는데, 지금의 태평로에서 조금 왼쪽 부근이다. 만약 보스가 웅장한 경복궁만 그리고 사람들의 모습을 그리지 않았다면, 이 작품은 평범한 풍경화에 불과했을지도 모른다. 그러나 그는 흰색 도폿자락을 휘날리며 거리를 활보하는 행인을 몇 명 그려넣어, 당시 조선 사람들의 '보편적 특징'을 화폭에 담음으로써 그림에 생동감을 불어넣었다.

보스가 이 부분에 흰옷 입은 행인들을 그려넣은 건 우연히 그들이 보였기 때문이 아니다. 그는 1911년에 쓴 〈자서전적인 편지〉[1]에서 "그곳(조선)에는 세계에서 가장 오래된 민족 중 하나가 살고 있었는데, 그들은 항시 '유령처럼' 흰옷을 입고 마치 꿈속에서처럼 아무 말 없이 걸어 다녔다"고 묘사했다. 그가 조선에서 흰옷 입은 사람들을 유심히 관찰했음을 알 수 있다.

보스가 미국에서 〈서울 풍경〉을 전시할 때 사용한 제목은 '미국 공사관에서 본 서울 풍경Seoul, Korea From the American Legion'이었다. 그는 경운궁 옆 미국 공사관(지금의 미국 대사관저)에 있는 언덕에서 경복궁과 당주동, 신문로 일대를 내려다보며 이 작품을 그린 것이다. 그런데 그림

휴버트 보스, 〈서울 풍경〉 부분.

왼쪽 한옥 옆 공터에 총을 들고 서 있는 군인이 보인다. 이곳은 어디기에 총을 든 군인이 보초를 서고 있는 걸까?

문화재와 옛 건물의 위치를 연구하는 우리문화재자료연구소의 이순우 소장은 〈서울 풍경〉을 본 뒤, 공터는 현재 덕수초등학교 부근이고 한옥은 영국 공사관 왼편에 있다가 1894년에 해체된 수어청守御廳이 사용하던 건물이라고 추정했다. 수어청은 중앙군영의 하나였으니, 공터는 연병장이었을 것이다. 그러나 수어청은 1894년에 해체되었기 때문에, 보스가 이 그림을 그린 1898년에는 한옥이 더 이상 수어청 소속이 아니었다. 그렇다면 왜 군인이 총을 들고 보초를 서고 있는 것일까?

〈독립신문〉 1898년 7월 30일자에 "전 수어청 앞길부터 아라샤(러시아) 공관 뒷문 길과 영국 공관 뒷문 길, 대궐 서편 회극문 앞길까지 요사이 병정들이 엄밀히 파수하여 내왕하는 사람들이 그 길로 다니지 못하게 되었다"는 기사가 실렸다. 당시 정동에는 각국의 외교 공관이 많이 모여 있었기 때문에, 아관파천 이후 경계를 강화했던 것으로 보인다. 전수어청 건물 오른쪽 뒤편에 있던 주한 영국 공사관 앞에서도 영국 해군이 보초를 서면서 깃발로 사람들의 통행을 통제하는 모습을 그린 삽화가 1898년 3월 19일자 〈런던뉴스〉에 소개되기도 했다.

그렇다면 보스는 당시 왜 우리나라에 왔고, 외교관도 아닌 그가 어떻게 미국 공사관에서 그림을 그릴 수 있었을까? 〈뉴욕타임스〉 1897년 11월 7일자 기사에 의하면, 보스는 하와이왕조의 마지막 공주 카이킬라니와 결혼한 뒤 동남아시아를 일주하는 여행 도중에 조선을 방문했다. 스케치여행을 겸한 신혼여행이었다. 보스는 〈자서전적인 편지〉에서 "미국 공관에서 여러 달을 묵었는데, 공관 건물 중 하나(1등서기관의 집)를 내주어 마음대로 생활과 작업을 할 수 있었습니다"라고 회상했다.[2]

보스가 당시 미국의 유명 정치인과 재계 인사들의 초상화를 많이 그리는 유명한 화가였다고 해도, 공사관 안에 있는 1등서기관의 집을 몇 달씩 사용하도록 내줬다는 건 이해하기 쉽지 않다. 그런데 이 '특혜' 속에 우리 근대사의 한 자락이 담겨 있다.

보스는 〈자서전적인 편지〉에서 "미국인 시인이자 광산업자인 헌트와의 친교(그리고 제 작업에 대한 그의 관심) 덕분에 그의 안내를 받아 서울로 갔다"고 밝혔다. 헌트가 바로 평안북도의 운산금광을 개발하는 동양합동광업주식회사Oriental Consolidated Mining Company의 공동대표였는데, 운산금광은 미국 공사 앨런과도 깊은 관계가 있었다.

1884년 의료선교사로 한국에 온 앨런은 갑신정변 때 중상을 입은 명

당시 미국에서 한국과 아시아를 오가던 증기선 선전 포스터. 깃발에 'KOREA'라고 적혀 있다.

성황후의 조카 민영익을 치료한 인연으로 어의에 임명되었고, 고종의 지원을 받아 제중원을 설립했다. 그 후 미국 정부의 외교관으로 발탁되어 주미 한국 공사관 서기관, 주한 미국 공사관 서기관을 역임하면서 고종의 조언자 역할을 했다.

 1895년 앨런은 '10년간 한국을 위해 봉사한 데 대한 감사의 표시'로 훗날 동양 최대의 금광이 되는 운산금광의 채굴권을 받은 뒤, 미국인 자본가 모스J. R. Morse에게 인계했다. 그러나 모스가 자금 압박에 시달리자 앨런은 또 다른 미국인 사업가 헌트S. J. Hunt를 끌어들였다. 모스에게 3만 달러를 주고 운산금광 채굴권을 확보한 헌트는 500만 달러라는 거금을 모아 동양합동광업주식회사를 설립한 뒤, 첨단 광업 장비를 투입해 운산금광 개발에 나섰던 것이다.

당시 대한제국의 문건에 따르면, 헌트는 고종을 알현할 때 미국 공사였던 앨런을 통했다. 앨런과 헌트는 각별한 사이였고, 그런 헌트가 보스를 데리고 왔기 때문에 공사관 안에 있는 1등서기관의 집을 몇 달 동안 마음대로 사용할 수 있게 배려해주었을 것이다.

그런데 보스는 단순히 신혼여행을 즐기기 위해 조선과 아시아 여러 나라를 방문했던 것일까?

휴버트 보스 Hubert Vos, 1855~1935

1855년 네덜란드에서 태어났다. 어린 시절 벨기에의 '브뤼셀 왕실학원'에 들어가 정통회화를 공부했고, 이후 파리와 로마에서 회화수업을 받았다. 1886년 '파리 살롱전'에서 실내 풍경화로 금상을 받았고, 1887년 암스테르담의 '세 도시 연례전'에서도 금상을 받으며 화가로서의 입지를 굳혔다. 해부학과 조각 또한 공부해 초상화에도 탁월한 능력을 발휘했다.

1891년 영국 왕립초상화가협회의 창립회원이자 정회원으로 활동했고, 같은 해에 네덜란드 공주의 초상화를 그리는 등 초상화 화가로서 두각을 나타냈다. 1893년 이후에는 주로 미국에서 활동했다.

02

쓸쓸한 대한제국의 황제,
위풍당당한 친인척

휴버트 보스는 아시아 일주 여행 출발에 앞서 가진 〈뉴욕타임스〉와의 인터뷰에서, 세상에 별로 알려지지 않은 아시아 여러 나라 사람들의 초상화를 그려서 1900년 파리 만국박람회에 출품할 계획이라고 밝혔다. 이런 목적에 따라 그는 1898년부터 2년 동안 아시아 여러 나라를 방문해서 왕족·귀족·평민 등 다양한 사람들의 초상화를 그렸고, 조선에 와서는 〈서울 풍경〉을 그린 후 고종과 순종, 민상호의 초상화를 그렸다.

보스는 고종 황제의 초상화를 그리게 된 연유에 대해, "민상호의 초상화를 본 고종 황제가 자신의 초상화(어진御眞, 임금의 초상화)와 황태자의 초상화(예진睿眞, 왕세자의 초상화)를 그리라는 '황명'을 내렸다"고 〈자서전적인 편지〉에서 밝혔다. 그렇다면 민상호의 초상화를 얼마나 잘 그렸기에 고종 황제가 감탄을 하면서 어용화사御容畵師가 되라는 명을 내린 것일까?

민상호(閔商鎬, 1870~1933)는 명성황후의 사촌동생으로, 1882년 미국에 가서 1887년까지 6년간 교육을 받은 후, 영국·독일·러시아·이탈

휴버트 보스, 〈민상호 초상〉, 캔버스에 유채, 76.5×61cm, 1898~1899년, 개인 소장.

리아·프랑스·오스트리아 등지에서 외교관으로 활약했다. 보스가 이 초상화를 그릴 당시 민상호는 29세였는데, 황실 인척이자 미국에서 교육받은 외교관으로서의 자부심이 가득 담긴 위풍당당한 모습이다.

보스가 〈자서전적인 편지〉에서 "민상호의 얼굴 생김이 한국 민족을 대표하는 데 부족함이 없고, 학식이 높은 분위기를 풍기고 있어서 그렸다"고 한 것을 보면, 이 초상화는 파리 만국박람회의 전시회 출품을 염두에 두고 정성을 다해 그린 작품임을 알 수 있다. 그림을 보라. 머리에 쓴 정자관을 비롯해 옅은 연두색이 감도는 한복 그리고 가슴에 두른 띠 등 어느 한 부분도 소홀하게 지나치지 않았다.

이 초상화에서 또 하나 눈에 띄는 부분은 흰색으로 쓴 '민상호'와 검은색으로 쓴 '휴벗 보스'라는 한글인데, 이 글자들은 보스가 직접 쓴 것으로 보인다. 보스는 1905년 12월 17일자 〈뉴욕타임스〉에 실린 인터뷰에서, 중국의 여황제를 그린 〈서태후 초상〉에 있는 한자를 자신이 직접 썼다고 밝혔다. 섬세하고 꼼꼼하게 붓질을 하는 초상화가이기에 어렵고 복잡한 한자도 쓸 수 있었던 것이고, 그래서 이 한글도 직접 썼을 가능성이 높다.

민상호의 초상화를 본 고종이 어진을 그리라는 황명을 내리자, 보스는 매일 경운궁으로 가서 고종을 직접 스케치한 다음 환관들이 지켜보는 가운데 작업을 했다고 〈자서전적인 편지〉에서 밝히고 있다. 훗날 이당 김은호가 고종 황제의 초상화를 그릴 때 "덕수궁의 자명당에 매일 나와 10여 분씩 앉았다 들어가셨다"고 했으니,[3] 보스에게도 그 정도 시간 동안 자세를 취해주었을 것이다.

보스가 그린 47세의 고종 황제 초상화는 세로 약 2미터의 실제 크기

휴버트 보스, 〈고종 황제 초상〉, 캔버스에 유채, 199×92cm, 1899년, 개인 소장.

전신 초상화다. 하지만 황제의 위엄이나 카리스마는 찾아보기 어렵고, 대신 쓸쓸하고 지친 표정이다. 당시 대한제국의 고단한 상황이 눈에 보이는 듯하다. 머리에 쓰고 있는 익선관翼善冠은 모帽가 턱이 진 2단으로 되어 있는데, 뒤쪽을 자세히 보면 매미 날개 모양의 장식(작은 뿔)이 달려 있다. 복식연구가들에 따르면, 왕이 "이슬을 먹고 사는 매미처럼, 청렴하고 검소하게 생활해야 한다"는 의미가 담겨 있다고 한다.

초상화에서 고종이 입고 있는 곤룡포袞龍袍는 곤복袞服 또는 용포龍袍라고도 하는데, 임금이 정사를 돌볼 때 입는 정복正服이다. 가슴과 등, 양어깨에 보補라고 하는 금실로 수놓은 오조룡五爪龍을 붙였다. 신하들과 국정을 논할 때 입는 시무복이기 때문에 역대 조선 임금의 어진에서도 많이 볼 수 있는데, 이전 왕들이 입었던 곤룡포는 자주색이지만 고종이 입고 있는 것은 황색이다. 이전 왕들은 황제가 아니었기에 자주색 곤룡포를 입었지만, 고종은 대한제국을 선포하며 황제에 즉위했기 때문에 황색을 입은 것이다. 중앙을 상징하는 황색은 황제의 색으로, 대한제국의 신하들은 황색 옷을 입지 못했다. 이전까지 왕이 입던 자주색 곤룡포는 황태자가 입었다.

가슴의 흉배胸背에는 황제의 상징인 용과 대한제국의 상징인 태극무늬가 있다. 어깨에도 용이 있는데, 황제의 용과 왕의 용은 발가락 수가 다르다. 황제의 용은 다섯 개, 왕의 용은 네 개다. 그래서 왕이 통치하던 조선시대 백자를 보면 용의 발가락이 대부분 네 개 또는 세 개다. 네 개짜리는 왕실에서 사용했고, 세 개짜리는 사대부 집에서 사용했다(물론 예외적으로 발가락이 다섯 개인 용이 새겨진 왕실용 백자도 가끔 만들었다).

고종은 러시아 공사관에서 지내다가 경운궁으로 환궁하고 8개월 후인 1897년 10월 12일, 원구단(圜丘壇, 지금의 조선호텔 자리)에서 국호를 '대한제국'으로 고치고 황제에 즉위했다.

고종이 스스로 황제임을 선언한 이유에 대해 주한 미국 공사관 1등서기관 샌즈W. F. Sands는 "왕은 황제의 신하가 될 수 있으나 황제는 누구의 신하가 될 수 없기 때문에, 황제에 즉위하면 중국·일본·러시아 황제와 동등해질 것이라는 봉건적 이론에 근거했던 것으로 추정된다"고, 자신의 책 《조선비망록》에 썼다.

'조용한 아침의 나라' 조선은 이렇게 '대한제국'이 되었고 고종은 '광무光武 황제'에 즉위했지만, 그 사실을 아는 외국인은 극소수의 외교관뿐이었다. 외국의 유력 언론에서 이를 보도했다는 기록은 찾아보기 어렵다.

보스는 〈자서전적인 편지〉에서, 고종 황제의 초상화를 파리 만국박람회에 출품할 수 있도록 한 점 더 그릴 수 있게 해달라는 청원을 했다고 회상했다. 비록 힘없는 나라 조선이지만, 황제의 초상화를 만국박람회에 출품하면 화가로서 영광일 뿐 아니라, 세계 여러 민족의 초상화를 종합해서 전시하려는 자신의 계획에도 도움이 될 거라고 생각했기 때문일 것이다.

보스의 청원을 전달받은 고종 황제는 흔쾌히 허락했다. 고종도 대한제국의 존재를 세계에 알리기 위해 1900년 파리 만국박람회에 대규모 '대한제국관'을 설치할 준비를 하고 있었으니, 자신의 초상화가 전시되는 것이 득이 되면 되었지 나쁠 게 없다고 판단했을 것이다.

고종은 보스가 그린 자신과 황태자의 초상화에 만족해하며 선물을 내렸다. 〈황성신문皇城新聞〉 1899년 7월 12일자 기사에 의하면, 황제의 선물은 1만 원이었는데, 이는 당시 기와집 한 채 값이었다.

보스는 조선을 비롯한 아시아 여러 나라에서 그린 초상화를 갖고 만국박람회가 열리는 파리가 아니라 뉴욕으로 갔다. 파리로 가는 증기선이 뉴욕에서 출발했기 때문일 것이다. 그리고 만국박람회가 열리는 4월 15일까지는 시간이 충분했는지, 뉴욕의 유니온리그 전시장에서 1900년 2월 9일부터 '다양한 민족의 모습'이라는 주제로 전시회를 열었다. 아시아 각국에서 그린 작품들과 이전에 꾸준히 그려온 작품들이 전시되었는데, 여기에 〈고종 황제 초상〉도 포함되어 있었다. 〈뉴욕타임스〉는 2월 9일자에 전시회 소개 기사를 실으면서 "대한제국 황제의 초상화는 옷에 대한 묘사가 뛰어난 작품"이라고 평했다.

앞에서도 밝혔듯이, 고종이 대한제국을 선포하고 황제에 즉위했다는 사실을 전한 외국의 언론 보도는 아직 발견되지 않았다. 그런데 황제에 즉위한 지 2년 4개월 후 외국인 화가가 그린 초상화 덕분에 대한제국 황제의 존재가 처음으로 미국 사람들에게 알려졌으니, 보스에게 초상화를 한 점 더 그리도록 허락하면서 고종이 기대했던 바가 어느 정도는 실현되었다고 할 수 있겠다.

그렇다면 고종 황제의 초상화는 원래의 목적대로 파리 만국박람회에 출품되었을까? 만약 출품되었다면 어떤 대접을 받았을까?

1979년 미국의 스탬퍼드 박물관과 네덜란드의 보네판텐 박물관 Bonnefanten Museum에서 열린 보스 유작전 도록의 작품 전시 기록에 의하면, 〈고종 황제 초상〉은 〈민상호 초상〉 〈서울 풍경〉과 함께 1900년 파리

> # The New York Times
> Published: February 9, 1900
> Copyright © The New York Times
>
> ## ART AT THE UNION LEAGUE.
>
> For its February monthly exhibition the Art Committee of the Union League Club has arranged in the gallery in the clubhouse a novel and interesting little exhibition of thirty-three oils, with two or three exceptions portraits by Hubert Vos, which are entitled " Types of Various Races."
> The collection has an ethnological as well as an art value and interest. The artist became impressed by the fact at the Chicago Exposition that, although portrait painters had for centuries been endeavoring to establish a pure type of the Caucasian race, little or nothing in that line had ever been done for other races of people. He set himself to work to paint the portraits of other races for an exhibit for the Paris Exposition. Limited time has prevented his carrywaiian type. Very pretty and graceful are the portraits of the Chinese young women and of the Japanese Princess, and delightful in color and decoration are their gowns. The painting of textures and the fine expression in the full length portraits of the brother of the Sultan of Java in national costume and of the Emperor of Korea in official robes are especially good. The best

〈뉴욕타임스〉 1900년 2월 9일자. 〈고종 황제 초상〉이 출품된 보스의 전시회 소식이 실렸다.

만국박람회에 전시되었다. 그런데 미국 회화관 전시 작품 목록을 아무리 찾아봐도 〈고종 황제 초상〉은 없다. 유족의 착각이었을까? 아니다. 《1900년 파리 만국박람회 커미셔너 보고서》(1901년 뉴욕 발행)에 의하면, 〈고종 황제 초상〉은 회화관이 아니라 여러 인종과 사회의 모습을 소개하는 '인종과 사회관(제16관)' 안의 110전시실에 걸렸다.

미국관 안의 소규모 전시실에 초라하게 걸렸던 자신의 초상화만큼이나, 고종 황제는 격동하는 세계사의 흐름 속에서 무력하게 밀려나고 있었다. 거대한 나라 중국조차 열강의 휘둘림과 흥정의 대상이 되던 시절이었으니, 극동의 작은 나라 대한제국의 황제가 버틸 수 있는 시간은 그리 길지 않았다.

결국 고종 황제는 일본과 친일파 각료들의 강요에 의해 1907년 순종에게 황위를 넘겼고, 얼마 후 대한제국은 역사 속으로 사라졌다. 그리고 보스가 '대표적 한국인의 모습'이라고 생각했던 민상호는 친일에 앞장서며 남작이 되었다. 그의 사촌누이인 명성황후가 일본인들의 손에 비참하게 시해당한 지 불과 10여 년 만의 일이었다.

03

파리 만국박람회와
황제의 밀사

    1897년 10월, 국호를 대한제국으로 바꾸고 황제에 오른 고종은 이듬해 6월 13일 학부협판(지금의 법무부 차관) 민영찬을 1900년 4월 프랑스 파리에서 열리는 만국박람회 준비를 총괄하는 '박물사무부원'에 임명했다. 10개월 전부터 착실히 준비해 대한제국의 존재를 세계만방에 알리겠다는 의도였다. 물론 나라의 위상을 높여 주변국들이 함부로 넘보지 못하게 하려는 의도도 굳이 감추지 않았다.

    그러나 만국박람회에 참가하기 위해서는, 박람회장에 지어야 하는 대한제국관 건축비 10만 프랑과 박람회 기간 동안 대지를 임대하는 비용 54,000프랑 등 거금이 필요했지만, 대한제국의 재정은 충분치 않았다. 만국박람회에 한 나라라도 더 참가시키기를 원한 프랑스 정부가 대한제국에서 광산 채굴권을 따내고 싶어 하는 미므렐 백작을 소개해주었고, 얼마 후 경복궁 근정전을 모방한 대한제국관 건축은 순조롭게 시작되었다. 대한제국관 공사가 본격화될 무렵, 민영찬은 건축을 도울 목수 2명과 함께 인천항에서 프랑스를 향해 출발했다. 1900년 1월 16일의 일이다.

우리나라가 세계 박람회에 참가한 건 파리 만국박람회가 처음은 아니었다. 1893년 미국이 콜럼버스의 미국 발견 400주년을 기념하기 위해 개최한 시카고 만국박람회에도 조선의 존재를 알리기 위해 참가한 바 있었다.

시카고 만국박람회 참가 결과에 대해서는 《고종실록》 30년(1893) 11월 9일자에 기록되어 있다. 이날 고종은 박람회 대원으로 참석했던 정경원에게 "미국의 물색物色은 얼마나 장관이던가?"라며 미국에 대해 관심을 표명하고 "모두 몇 나라가 모였던가?"라고 물었다. 정경원이 "모인 것은 47개 나라였습니다. 일본에서는 대원이 와 있었으나 중국에서는 대원 없이 그저 상인들이 점포를 배정받았습니다"라고 보고했다.

그런데 이날 대화에서 재미있는 건, 고종이 만국박람회에 세워졌던 조선관의 크기에 대해 "몇 미터나 되던가得幾米突乎?"라며 미터법으로 물은 대목이다. 고종이 미터법을 알고 있을 정도로 외국의 문물에 대해 식견이 있는 '개화 군주'였음을 알 수 있다.

1893년 5월 7일자 프랑스 공사관 문서에 의하면, 고종은 서울 주재 프랑스 공사 프랑댕Hippolyte Frandin에게 7년 후에 열리는 프랑스 만국박람회 참가 의사를 밝히면서 "준비를 서두르는 바람에 결과가 좋지 못했던 시카고 박람회 때와는 달리 본인(고종)이 직접 파리 박람회 준비를 지휘하고, 왕가의 일원을 조선 대표로 참가시키겠다"고 했고, 약속대로 명성황후의 조카인 민영찬을 파견한 것이다.

1900년 4월 14일(공식 개막일)부터 11월 22일까지 프랑스 파리에서

1900년 파리 만국박람회 대한제국관을 그린 삽화. 〈르 프티 주르날Le Petit Journal〉 1900년 12월 6일.

열린 만국박람회는 대한제국이 참가한 마지막 국제 행사다. 당시 프랑스는 새로운 세기를 알리는 세계 박람회를 성대하게 개최하기 위해 총력을 기울였고, 세계 각국은 자국의 위상을 만방에 알리는 기회로 삼았다. 광무 황제로 등극한 고종이 이끄는 대한제국 역시 나라와 황제의 존재를 알리기 위해 모든 외교적 역량을 쏟아부었다.

〈르 프티 주르날Le Petit Journal〉 1900년 12월 6일자 삽화에서 볼 수 있듯이, 대한제국관은 경복궁 근정전을 본딴 형태다. 삽화 왼쪽에 일본에서 단오 때 남자아이의 성장을 축하하는 의미로 다는 고이노보리鯉幟 같은 장대가 있고, 태극 문양도 어색하게 그려진 것을 보면, 프랑스 작가가 우리나라와 일본, 중국 등의 건물과 거리 사진을 참고해서 그린 것으로 보인다. 대한제국관 앞에는 제물포의 골목길을 재현해 조선의 기와집과 상가 등을 만들었고, 박람회 기간 동안 길거리곡예 등 전통 놀이문화를 관람객들에게 보여줬다.

당시 프랑스 언론은 대한제국의 참가에 대해 이렇게 보도했다. "극동 지역에서 가장 닫힌 국가이며, 주변 국가들로부터 매우 부러움을 받고 있는 나라들 중 하나는 분명 한국이다. 한국의 모든 것은 감춰져 있고, 풍습은 특별하며, 이 나라의 국민들이 가장 원하는 것은 바로 어떤 외국인들과도 접촉하지 않는 것이다. 그래서 한국이 박람회에 참여한 것은 신선한 충격이었다. 한국 정부는 특이한 건축 양식의 전시관을 설치했고, 한국 물품과 생산품들의 견본을 진열했다. 이것들을 보면 이 신비로운 지역과 새로운 관계를 수립하고자 하는 욕망이 강렬하게 생겨날 것이다."[4]

만국박람회 카탈로그에서도 "한국은 군대와 금융 체제를 재정비하고, 광산 채굴권을 나눠주고, 전차를 설치하면서, 근대 일본을 얼마간 모방하고 있다. 외국인들을 조언자, 교수, 엔지니어 등으로 쉽게 만날 수 있다. 기독교도 널리 퍼져 있다. 유럽 국가들과는 친밀한가? 아직은 다행스럽게도 그렇지 않은 것이 사실이다. 일본은 유럽과 가까워지기 위해 계획을 세운 때로부터 25년이라는 시간이 필요했다. 2세기에 걸쳐 나가사키에서 유럽인들과 교류했던 일본은 그들 민족의 재능을 잘 보존하는 법을 알고 있었다. 반면에 신생 한국은 겨우 5년 되었으니, 아직은 몇 년이 더 필요할 것이다"라면서 긍정적으로 평가했다.[5]

대한제국관에서는 고려시대 불경, 팔만대장경, 《삼국사기》 같은 서적, 옛날 동전, 도자기, 자수공예품, 병풍, 금은세공품, 나전칠기세공품 등 전통문화를 알릴 수 있는 물품을 전시했다. 여기에 표범가죽, 조선시대 투구, 검, 화살통, 군복 등 우리 민족의 용맹성을 드러내는 물품을 출품해 대한제국의 존재를 세계인들에게 알리려 노력했다.

당시 프랑스 정부는 민영찬에 대해 "수줍고 똑똑하며 진보적인 인물이다. 병약해 보이지만 학구열이 높고, 프랑스에 온 것을 단순한 유흥으로 생각하지 않는다"는 기록을 외교문서에 남겼다.

이런 민영찬의 노고 덕분이었을까? 대한제국은 파리 만국박람회에서 대상 1개, 금메달 2개, 은메달 10개, 동메달 5개, 장려상 3개를 수상했다. 그리고 민영찬은 '박람회 조직 및 진행에 기여한 공로'를 인정받아 프랑스 명예훈장을 받았다. 또 다음 해인 1901년 5월 31일에는 대한제국에서 프랑스인 6명에게 만국박람회에서 수고했다며 팔괘장을 수여하면서 호혜적 외교관계를 유지했다.

파리 만국박람회 대한제국관 위원장 민영찬의 사진.

우리 근대사에서 고종 황제의 밀사는 1907년 네덜란드 헤이그에서 열린 제2회 만국평화회의에 파견된 이준, 이상설, 이위종 세 명으로 알려져 있다. 그러나 2년 전인 1905년 을사늑약이 체결되자 고종은 당시 프랑스 주재 공사인 민영찬을 미국에 밀사로 파견해서, 조약이 자신의 의지에 반해서 체결되었기 때문에 무효임을 알리고자 했다.

민영찬閔泳瓚은 1873년(고종10)에 태어났다. 부친은 대원군의 손아래 처남인 민겸호로 고종의 외삼촌이고, 형은 충정공 민영환이다. 그런데 고종 역시 어머니와 같은 여흥 민씨를 황후로 맞이해, 영환·영찬 형제는 고종의 외척인 동시에 명성황후의 조카로, 왕실과의 촌수를 계산하

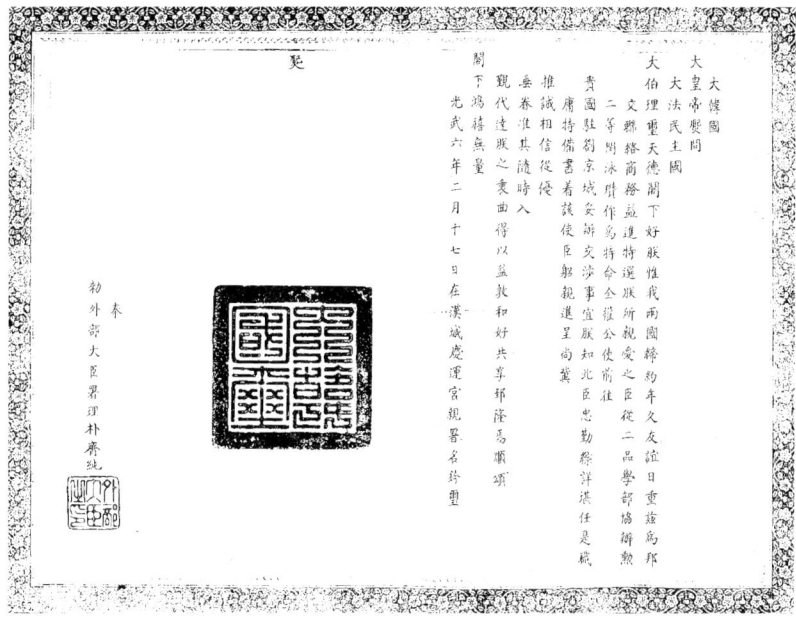

민영찬을 프랑스 주재 특명전권공사로 임명하는 고종의 칙서[6]

대한국 대황제 희가 대법민주국(대프랑스민주국) 대백리새천덕(대통령) 각하께 고합니다.

짐은 생각건대, 우리 양국은 조약을 맺은 지가 오래되어 우의가 날로 중해지고 있습니다. 이에 나라의 교분이 계속 이어지고 통상업무도 더욱 진전시키기 위해 짐이 친애하는 신하 종2품 학부협판 이등공신 민영찬을 특별 선발하여 특명전권공사로 삼아 앞으로 귀국에 가서 수도에 주재하면서 교섭의 일을 처리하도록 하였습니다.

짐은 이 신하가 충성스럽고 부지런하며 일처리가 명확하고 치밀하므로 이 직임을 맡길 만하다는 것을 압니다. 이에 특별히 서신을 써서 해당 사신에게 주어 직접 올리도록 하였습니다. 부디 정성을 다하여 신의를 지키고 많은 관심을 기울여주셔서 수시로 들어가 뵙고 짐의 마음을 대신 전달하도록 허락하시어 더욱 돈독하게 화의하며 함께 융성함을 누리기를 바랍니다. 각하의 무한한 경복을 축원합니다.

_ 광무 6년(1902, 고종39) 2월 17일 한성 경운궁에서 친히 서명하고 국새를 찍음. 희熙

_ 봉칙 외부대신 서리 박제순朴齊純

기가 매우 복잡하다. 그래서 가까운 관계인 '명성황후의 조카'로 통칭하고 있다.

17세 때인 1889년(고종26) 알성문과에 병과로 급제한 뒤 여러 관직을 거쳤고, 1895년에는 명성황후의 주선으로 미국 유학길에 올랐으나 을미사변으로 명성황후가 시해되자 귀국했다. 1897년부터 외교관으로 유럽 지역을 순방했는데, 그때 영국 여왕을 접견해서 후한 대접을 받은 사실이 〈독립신문〉 1897년 8월 28일자에 자세히 보도되었다.

1902년 민영찬은 프랑스 주재 특명전권공사로 임명되었다. 그러나 1905년 대한제국의 외교권을 박탈하는 내용의 을사늑약이 체결되자, 그 부당성을 프랑스와 러시아 정부에 알렸고, 이에 프랑스 주재 일본 공사관에서는 그의 활동을 자국 외무성에 보고하기 시작했다.

같은 해 12월 민영찬은 고종의 밀명을 받고 미국의 루트Elihu Root 국무장관을 면담하기 위해 배를 타고 대서양을 건넜다. "1905년 11월 17일 체결한 조약은 일본의 강압으로 조인되었으므로 무효"라는 고종의 서신을 전달하고 설명하기 위해서였다. 그러나 미국 정부는 오히려 일본을 도와 민영찬의 일거수일투족을 감시했다. 그들에게 대한제국은 도와줘야 할 나라가 아니라, 일본과의 외교적 흥정에 이용할 나라에 불과했다.

당시 일본이 미국과 외교적으로 공조할 수 있었던 이유는, 두 나라가 1905년 7월 "일본은 미국의 필리핀 지배권을 인정하고, 미국은 일본의 한반도에 대한 종주권suzerainty을 인정한다"는 내용의 '가쓰라-태프트 밀약'을 맺었기 때문이다. 루트 장관은 "황제의 서신은 비공식 경로를 통해 접수된 것이기 때문에 미국 정부는 아무런 행동도 할 수 없다"며

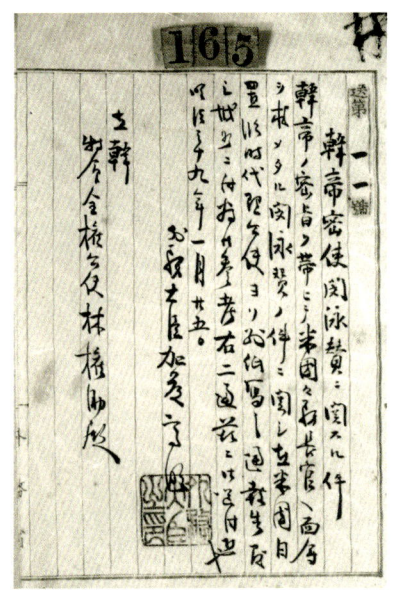

민영찬을 '대한제국 황제의 밀사'라고 보고한 일본의 외교문서.

냉정하게 돌려보냈다. 그러고는 주미 일본 공사에게 민영찬이 가지고 온 편지 사본을 보내주었고, 그 기록이 일본 외무성에 남아 있다.[7]

같은 날 일본의 외교문서에 의하면, 일본은 민영찬을 '황제의 밀사韓帝密使'로 규정했다. 그리고 미국 주재 일본 공사관은 민영찬이 미국을 떠나 프랑스로 갈 때까지 일거수일투족을 감시해 일본 정부에 보고했다.

민영찬은 을사늑약을 무효화하기 위한 외교적 노력이 수포로 돌아가자, 미국 언론에 호소하기 시작했다. 〈워싱턴포스트〉와 〈이브닝스타〉에 "민영찬 공, 대한제국에 대한 일본의 협박에 대해 불만을 표시하다" "민영찬 공의 좌절―루트 국무장관, 일본에 대한 대한제국의 이의 제기를 들었다" "대한제국의 이의 제기—대한제국의 황제는 을사늑약에 서명하지 않았다" 등의 제목으로 기사가 실렸지만, 민영찬이 미국에서 할 수 있는 일은 여기까지였다. 그는 다시 파리로 돌아왔고, 외교권을 박탈당한 대한제국의 해외 공관들은 하나둘 폐쇄되기 시작했다.

프랑스 공관 폐쇄 후 민영찬은 곧바로 귀국하지 않고 중국 상하이에서 체류했다. 그러자 상하이 주재 일본 공사는 그의 중국 체류에 '정치적 음모'가 있다고 판단해 서울의 이토 히로부미伊藤博文 통감에게 보고했다.[8]

민영찬은 상하이에서 2년 넘게 '망명생활'을 하다가 귀국했다. 그리고 얼마 후 대한제국은 멸망했다. 그러나 일본은 그를 요주의인물로 분류해 계속 감시했고, 끊임없이 협박과 회유를 일삼아 결국에는 중추원 참의직을 수락하도록 했다. 유럽과 미국을 오가던 '황제의 밀사'는 이렇게 일본이 주는 관직을 받았고, 광복 후 이 일로 반민족행위특별조사위원회(반민특위)에 출두해서 조사를 받았다. 그러나 형식적 관직을 받은 일 외에는 친일행적이 없어 기소유예 처분을 받고 풀려났다.

실제로 그는 1930년 1월 19일 〈동아일보〉 기자와의 인터뷰에서 "10년 전만 해도 많은 책을 읽었지만 요새는 별로 책도 읽지 않소. 책을 읽어서 쓸 데가 있어야지. 이같이 집 안에 박혀 살림살이나 하기 때문에 책 본 것이 오히려 후회가 될 때가 있단 말이지요"라며 답답한 심경을 토로했다. 기자는 그가 말을 마치고 뿜어내는 담배연기가 장탄식인 것 같다고 했다. 시대를 잘못 만나 나라를 잃고 일본의 집요한 감시와 회유 공작에 손을 들 수밖에 없었던 불운한 외교관의 긴 장탄식이 들리는 듯하다.

순종의 '대리즉위식'

을사늑약이 무효라는 것을 외국에 알리라는 고종의 밀명을 받은 이준, 이위종, 이상설이 네덜란드의 헤이그에 도착해 기자들 앞에서 프랑스어로 된 〈조선의 호소〉를 발표하자, 일본은 1907년 7월 18일 총리대신 이완용을 시켜 고종을 강제로 폐위시켰다. 그러나 고종과 순종은 일본의 결정에 반발하며 양위식과 즉위식에 참석하지 않고 내시를 시켜 대신 의식을 거행하게 했다. 왼쪽 위는 내시가 대신한 순종의 즉위식 그림이다.

이토 히로부미는 식이 끝난 후 일본 외무차관과 총리대신에게, 덕수궁 중화전에서 권정례(대리의식)로 양위식을 거행했다는 내용의 외교전보를 보냈다.[9]

즉위식을 대리로 거행하고, 8월 3일에서야 순종 시대의 연호인 '융희隆熙'를 사용하기 시작하는 등 순종의 정통성에 문제가 제기될 기미가 보이자, 일본과 친일파 각료들은 '일그러진 절차'의 마지막 단계인 즉위식을 8월 27일로 정해서 다시 거행했다.

조선 영조 때부터 대한제국 시절까지 임금의 행사를 기록한 《일성록日省錄》에는 즉위식 광경에 대해 "돈덕전에 나아가 즉위한 뒤, 진하進賀를 받고 조문詔文을 반포하였다. 총리대신 이완용이 표문을 둔 책상 앞에 나아가 하례 표문을 낭독하였고 끝나자 연주가 시작되었다. 육군과 해군을 통솔하는 황제의 상징인 대원수 정복으로 갈아입고 나아가 어좌에 앉자 연주가 끝났다"고 기록되어 있다.

내시를 시켜 대리로 즉위식을 거행하게 하며 일본의 고종 강제 폐위에 반발했던 순종의 '항거'는 40일 후 '진짜 즉위식'을 거행함으로써 끝이 나고 말았다.

1907년 8월 4일자 이탈리아 군사 주간지 〈라 트리부나 일루스트라타La Tribuna Ilustrata〉 1면. '조선의 새 황제 즉위식'이라는 설명이 붙어 있다. 서울대 규장각 한국학연구원 소장.

김은호, 〈순종 황제 어진 초본〉, 종이에 수묵초본, 60×45.7cm, 1923년, 국립현대미술관 소장.

04

안중근 의거, 근대 신문은 어떻게 보도했나?

이토 히로부미는 일본의 영웅이겠지만 조선으로서는 원수였다. 그는 대한제국을 무너뜨리기 위해 을사늑약 조인을 강요했고, 고종을 강제로 폐위시켰을 뿐 아니라, 일본 황실에 진상하기 위해 귀중한 문화재를 무단 반출했다.

1909년 10월 26일, 조선의 청년 안중근安重根은 중국과 러시아의 접경지역인 하얼빈역에서 이토 히로부미를 저격했다. 이 의거는 조선통감으로 재직하면서 한일병합을 추진하던 가장 중요한 인물을 응징했다는 점에서, 우리 근대사의 상징적 사건이라고 할 수 있다.

이날 이토 히로부미는 만주를 시찰하고 러시아 재무대신 코코프체프와 회담을 할 예정이었다. 이토 히로부미를 영접하기 위해 하얼빈역에 나갔던 러시아 국경재판소 검사 콘스탄틴 미텔은 그날 일어난 일에 대해 이렇게 보고했다. "이토 히로부미가 기차에서 내리고 조금 후 세 발의 총성이 들렸고, 그는 쓰러졌다. 러시아 군인 몇 명이 안중근을 덮쳤고, 격투 끝에 권총을 빼앗았다. 그리고 30분이 지난 후 이토 히로부미는 68세로 생을 마감했고, 러시아 철도경찰대 숙직실에 구금된 상태로 그 소식을 들은 30세의 안중근은 기뻐서 어쩔 줄을 몰라하다가, 벽에 걸려 있는 십자가 앞에 무릎을 꿇고 자신의 사명을 완수할 수 있게 해준 하느님께 감사기도를 올렸다."[10]

이토 히로부미가 역에 내리는 모습은 사진으로 남아 있는데, 그가 쓰러지는 장면을 찍은 사진은 전하지 않는다. 이토가 열차에서 내리는 사진을 보면, 러시아와 일본의 공식 사진사도 있었다. 그런데도 저격 장면이 담긴 사진이 없다는 건, 당시 사진기로는 사진을 빨리 찍을 수 없어 그 순간을 놓쳤거나, 사진사가 총소리에 놀라 사진을 찍지 못했기 때문인 듯하다.

그런데 〈황성신문〉 1909년 11월 21일자를 보면 "이토 히로부미가 하얼빈역에서 참화를 당하는 모습을 찍은 활동사진이 있음이 확인되었다. 촬영한 사람은 하얼빈에 거주하는 러시아인인데, 그는 이토 히로부미가 도착하는 장면을 촬영하기 위해 활동사진 촬영기를 준비해놓고 있었다. 그는 이토가 러시아 대신과 만나는 장면, 안중근이 군중 속에서 뛰어나와 7연발 권총으로 이토를 저격하는 장면, 비서관 등 수행원들이 놀라서 분주하게 움직이는 모습을 화면에 담았다고 한다. 이 필름을 구입하려는 경쟁이 심했지만 〈재팬프레스〉에서 15,000원에 구입했고, 다음 달 10일경에 도쿄에 도착할 예정이라고 한다"는 기사가 '흉악한 행동을 보여주는 사진'이라는 제목으로 보도되었다. 저격 장면을 촬영한 필름이 있다는 내용이다.

그러나 이 활동사진은 공개된 적이 없고, 당시 저격 장면에 대해서는 이탈리아에서 발행되는 군사 주간지 〈라 트리부나 일루스트라타〉 1909년

〈라 트리부나 일루스트라타〉 1909년 11월 7일자 1면에 실린 삽화. 총을 맞은 이토 히로부미가 쓰러지는 장면.

11월 7일자 1면에 실린 삽화와 일본 신문에 실렸던 그림의 흑백 도판이 전할 뿐이다.

〈라 트리부나 일루스트라타〉의 삽화는 이토 히로부미가 쓰러지고 안중근 의사가 제압당하는 장면을 묘사하고 있다. 오른쪽에 노란 옷을 입고 권총을 든 채 제압당하는 이가 안중근 의사다. 당시 상황에 대해 안 의사는 법정에서 다음과 같이 진술했다.

> 내가 찻집에서 차를 마시고 있는데 열차가 도착했다. 나는 차를 마시면서 '하차하는 것을 저격할까, 아니면 마차에 타는 것을 저격할까' 하고 생각했는데, 일단 상황이라도 보려고 나가 보니 이토가 기차에서 내려 많은 사람과 함께 영사단領事團 쪽으로 병대가 정렬한 앞을 행진하고 있었다. (……) 나는 맨 앞에서 행진하고 있는, 이토라고 생각되는 사람을 향해 십 보 남짓의 거리에서 그의 오른쪽 상박부를 노리고 세 발 정도를 발사했다. 그런데 그 뒤쪽에도 또 사복을 입은 사람이 있었기 때문에, 그가 혹시 이토가 아닌가 생각하고 그쪽을 향해 두 발을 발사했다. 그리고 나는 러시아 헌병에게 잡혔다. (……) 나는 러시아 헌병들에 체포된 후 각국에서 일반적으로 사용하는 말로 "코레아 우라"라고 외치고 "대한민국 만세"를 삼창했다.[11]

안중근 의사의 체포와 관련해서는 앞에서 언급한 러시아 검사 콘스탄티 미텔의 보고서에 "발사가 끝나자마자 철도경찰서장 대리인 기병대위 니키토로프가 범인에게 달려들었으나 범인의 완력이 강해 쓰러뜨릴 수 없었다. 격투 끝에 다른 장교의 도움으로 권총을 빼앗았다. 범인

작가 미상, 크기 및 소장처 미상. '안중근, 독립을 넘어 평화로' 전시 도록 123쪽 재수록.

의 발사 시간은 30~40초가 넘지 않았다"고 자세히 기록되어 있다.

일본의 검시결과서에 의하면, 이토 히로부미는 세 발의 총탄을 맞았는데, 한 발은 어깨 부근을 관통했고 두 발은 폐를 꿰뚫었다. 그 결과 대출혈을 일으켰고, 10여 분 만에 절명했다.

일본 신문에 실렸었다는 위의 흑백 도판은 어느 신문에 실렸는지는 확인이 안 되지만, 당시 상황을 좀더 정확하게 알려준다. 안중근 의사 뒤에 보이는 군인들이 바로 안 의사가 재판에서 언급한 '러시아 병대'다. 안 의사는 이토 히로부미가 그 앞에 있을 때 저격했다고 했으니, 이 그림을 통해 저격 전후 상황을 더 정확히 알 수 있다.

안 의사는 거사 당일 오후 11시에 하얼빈 일본 총영사관으로 신병이

인도되었고, 그때부터 다음 해인 1910년 3월 26일 사형을 집행당해 순국할 때까지 뤼순旅順 감옥에 수감되었다.

순종은 이토 히로부미가 하얼빈에서 저격당한 것을 사건 당일 알았다. 일본에 볼모로 가 있던 황태자(순종의 동생 영친왕)가 전보로 알려주었기 때문이다. 다음 날인 10월 27일, 이완용이 이토 히로부미 가족을 위로하기 위해 만주(뤼순)로 달려갔다고 《실록》은 기록하고 있다. 만주에서 돌아온 이완용은 이토 히로부미에게 은사금恩賜金 10만 원을 하사하라고 정부를 압박했고, 순종은 마지못해 재가했다. (대한제국의 금융자료에 의하면 1909년 당시 1원은 100전, 곧 10냥이었다. 따라서 10만 원은 동전으로는 100만 냥에 해당하는 거금으로, 당시 서울 시내에 있는 8칸 기와집 한 채가 1만 원이었으니 열 채 값이다. 지금의 아파트 값으로 환산하면 최소 30억 원 이상이다.)

안중근 의사의 이토 히로부미 저격 사건을 최초로 보도한 신문은 인천에서 일본어로 발행되던 〈조선신문〉으로, 10월 27일자다. 그러나 일반인들에게 알려진 것은, 〈대한매일신보〉와 〈황성신문〉의 10월 28일자 보도를 통해서다.

〈대한매일신보〉는 안 의사의 의거를 처음 보도한 10월 28일자에서, 신문사 편집국에서 만세를 불렀다는 소문에 대한 해명 기사도 함께 실었다. 며칠 뒤인 10월 31일자에는 용산에서 노동자가 암살에 대한 이야기를 퍼뜨려서 체포되었다는 기사가 실렸다.

〈황성신문〉도 현지에서 보내오는 전보를 받아 속보로 내보냈다.

안중근 의사의 이토 히로부미 저격 사건을 보도한 〈대한매일신보〉 1909년 10월 28일자(왼쪽)와 〈황성신문〉 1909년 10월 28일자. 두 신문 모두 '전보 기사'로 신문 반 면에 걸쳐 자세하게 보도했다.

'응칠應七'이라는 자字로 알려져 있던 안 의사의 본명이 '중근'이라는 사실이 밝혀진 것은 거사 열흘 후인 11월 6일이었다. 〈황성신문〉은 '흉악한 행동을 한 자의 본명'이라는 제목의 기사에서 "이토 히로부미에게 흉악한 행동을 한 안응칠의 본명은 안중근"이라고 밝혔다. 또 같은 날 기사에서, 3일 전 일본군 사령부에서 이토 히로부미의 추도회를 거행했다는 사실을 알려, 그의 사망을 기정사실화했다. 이튿날에는 안 의사를 뤼순으로 호송했다는 소식을 전하고, 안 의사의 나이와 용모를 소개했는데 실제 나이 29세가 아닌 '23세쯤'이라고 보도했다.

11월 9일자 〈대한매일신보〉에서 좀더 자세한 보도가 나오기 시작했다. 안중근 의사가 "국가를 위하여 생명을 버리는 것이 지사의 본분"이라는 말을 했고, 뤼순 감옥에서 취조 내용을 비밀로 한다는 내용 등이었다. 이 신문은 안중근 의사가 동지들과 함께 "나라를 위해 목숨을 바치자"며 손가락을 끊어 결의를 다지는 '단지斷指 동맹'을 맺었다는 사실도 보도했다.

안중근 의사는 1907년 고종 황제가 폐위되고 군대가 강제 해산당하자 무장투쟁을 위해 러시아 블라디보스토크로 떠났다. 이곳에서 안 의사는 300명의 의병 지원자와 함께 이범윤을 총독, 김두성을 대장으로 추대하고 자신은 참모중장이 되어 세 차례의 국내 진공작전을 펼쳤다.

'단지동맹'은 안중근 의사가 의병활동을 전개하던 연해주 추카노프카 마을에서 1909년 2월 7일 동료 11명과 함께 왼손 무명지를 끊어 이토 히로부미를 암살하기로 맹세하고, 그 피로 태극기에 '대한독립' 네 글자를 씀으로써 결의를 다진 의식을 말한다.

안중근 의사는 계속 이런 의병활동을 해왔기 때문에, 재판 과정에서 "나는 의병 참모중장으로서 독립전쟁을 하여 이토를 죽인 것인데, 의병

황성신문 皇城新聞

1898년 주 2회 발행되던 〈대한황성신문〉을 인수해 재창간한 일간 신문으로, 국한문을 혼용했다. 남궁억을 사장으로 박은식, 장지연, 신채호 등 애국지사들이 편집에 참여했다. 늘 재정 부족에 시달렸고, 고종의 지원을 받았다. 1905년 장지연의 〈시일야방성대곡是日也放聲大哭〉으로 정간당했다. 경술국치 후 〈한성신문漢城新聞〉으로 제호를 바꿨다가 곧 폐간됐다.

대한매일신보 大韓每日申報

고종 황제는 물론 애국지사들의 은밀한 지원을 받은 신문으로, 〈런던 데일리 크로니클〉의 특파원 베셀E. T. Bethell과 양기탁이 1904년 창간해 국한문판과 영문판을 발행했다. 영국인 베셀이 발행인이 된 것은 일본의 탄압을 피하기 위한 편법이었다. 준열한 논설로 국민을 계몽하고 애국의식을 고취한 민족지였으나, 일본의 끊임없는 탄압으로 결국 베셀과 양기탁이 물러난 후 경술국치와 함께 〈매일신보〉로 바뀌면서 총독부 기관지로 전락하고 말았다.

〈독립〉, 안중근 의사가 1910년 뤼순 감옥에서 쓴 붓글씨다.

의 참모중장이 뤼순 법원 공판정에서 심문을 받는다는 것은 잘못된 일"이라고 주장했다. 살인범이 아니라 전쟁포로로 다뤄달라는 논리였다.

11월 14일 재판이 시작되었다는 소식 이후 다음 해 3월 26일 사형이 집행될 때까지 안 의사에 대한 보도는 계속되었다. 〈황성신문〉은 1909년 11월 14일자에서 재판이 시작되었다는 기사를 냈고, 이듬해 3월 25일자에서는 "내가 한국 독립을 회복하고 동양 평화를 유지하기 위하여 3년 동안을 해외에서 풍찬노숙하다가 마침내 그 목적에 도달치 못하고 이곳에서 죽노니, 우리 2천만 형제자매는 각자 스스로 분발하여 학문을 힘쓰고 실업을 진흥하며 자유독립을 회복하면 한이 없겠노라"는 내용의 '2천만 동포에게 보내는 유언'을 기사로 출고했다. 유언은 사형선고를 받은 후 변호사 안병찬을 통해 공개됐다.

안 의사의 순국 소식은 사형이 집행되고 3일 후인 3월 29일에 알려졌다. 〈황성신문〉은 이날 기사에서, 3월 26일 오전 10시 15분에 사형이 집행되었고 10분 만에 절명하였으며 오후 1시 뤼순 감옥 묘지에 매장되었다고 보도했다. 또 3월 30일자에는 안 의사의 동생이 시신 인도를 요구했으나 거절당했다는 뒷소식과 함께, 안 의사가 마지막으로 남긴 글씨 〈인심유위 도심유미 人心惟危 道心惟微〉를 소개했다.

'인심유위 도심유미'는 《서경書經》의 '대우모大禹謨'에 수록된 말로, 직역하면 '사람의 마음은 위태하고 도는 은미하다'인데, 주자朱子는 "사람의 마음은 육체가 있음으로 말미암아 생기는 마음이요, 도심은 본성에서 발로된 양심良心이다"라고 풀이하였다.

이 구절은 생략된 뒷부분 '유정유일 윤집궐중惟精惟一 允執厥中'과 함께 송학宋學 이후 사람의 심성을 논하는 기본으로 인식되어왔다. "위태로운 사람 욕심(人欲. 人心)을 버리고 미묘한 천리(天理. 道心)를 붙들어야 한다"는 뜻으로 풀이하기도 한다.[12]

〈황성신문〉은 이렇게 마지막 유묵遺墨을 보도하면서 자연스럽게 '대한국인 안중근'이라는 서명도 함께 소개했다. 민족의 원수 이토 히로부미를 처단한 안중근 의사를 향한 당시 언론인들의 예의였을 것이다.

안중근 의사는 사형 집행 며칠 전 동생들에게 "독립 전에는 시신을 옮기지 마라. 대한독립의 소리가 들려오면 천국에서 춤을 추며 만세를 부를 것"이라고 유언했다. 그러나 광복 후 남북한 모두의 노력에도 불구하고 정확한 무덤자리를 찾지 못해 유해를 발굴하지 못하고 있다.

05

망국 후, 나라 잃은 백성의 세 가지 모습

    1910년 8월 29일, 일본은 대한제국을 강제로 병합했다. 충정공 민영환과 조병세, 최익현 등은 이미 을사늑약 때 자결했다. 경술국치가 알려지자 매천 황현은 아편덩어리를 삼켜 자결했고 김순흠, 유도발, 김택진은 곡기를 끊어 죽음을 택했으며 이현섭은 독약을 마셨다.

    '시류를 따르는 것이 최선이며 대세'라는 인식을 가진 출세주의자들은 두말없이 일본에 붙어 자신의 영달을 이어갔다. 일제의 병합 과정에 공을 세운 친일파들은 일제 당국으로부터 작위를 받고 은사금을 챙겼다. 물론 은사금을 받은 자들 중에는 자신의 의지와 무관하게 일제가 식민지 정책에 필요하다고 판단해 선발한 인사도 있었지만, 은사금과 작위를 거절하지 않고 받아 호의호식을 누렸으니 친일파라는 멍에에서 자유로울 수 없다. 실제로 작위를 거절 혹은 반납한 인사도 여럿 있었으니 말이다.

    나라를 잃은 백성들은 모이기만 하면 울분을 토하며 망국의 원인에 대해 갑론을박했다. 대한제국 정부의 무능 때문일까? 문을 꽁꽁 닫아건

안중식, 〈탑원도소회지도〉, 종이에 옅은 채색, 23.4×35.4cm, 1912년, 간송미술관 소장.

쇄국정책 때문일까? 만약 나라 문을 일찍 열었더라면 왜놈들에게 나라를 빼앗기지 않았을까? 역사에 가정법만큼 무의미한 것도 없다지만, 다들 그렇게라도 망국의 원인을 따져보며 비분강개하거나 슬퍼했다.

위 그림은 조선왕조 마지막 화원畵員 중 한 명이었던 심전心田 안중식(安中植, 1861~1919)이 나라를 빼앗긴 지 1년 4개월 후인 1912년 새해 아침에 그린 작품으로, 망국 후 조선 지식인들의 모습을 살필 수 있는 거의 유일한 그림이다.

화가는 그림 왼쪽에 '탑원도소회지도塔園屠蘇會之圖'라고 제목을 썼다. '탑원에서 도소주를 마시는 모임을 그린 그림'이라는 뜻이다. 《동국세시기東國歲時記》(1849년경) 정월 편에는 "새해가 시작될 때 어른들께 올리기 위한 세찬歲饌과 세주歲酒를 준비했는데, 이 세주의 시초는 중국 남북조시대 새해 첫날에 마셨다는 도소주에서 유래한다"는 설명이 나온다. 세주로 도소주를 마시던 풍습이 근대에도 이어져왔던 모양이다. 이렇게 잘 전해내려오던 도소주가 오늘날 사라진 것은, 일제가 조선 전통주의 맥을 끊고 일본 청주를 보급시키기 위해 1917년 이후 가양주(집에서 빚은 술)를 만들지 못하게 금지했기 때문이다.

안중식은 그림의 왼쪽에 "이 그림에 대해 탑원의 주인 오세창 인형의 질정을 바란다"고 적어넣어 작품 배경이 된 집의 주인이 위창葦滄 오세창(吳世昌, 1864~1953)임을 밝혔다.

오세창은 개화기 지식인이자 언론인으로 1886년에는 〈한성주보〉 제작에 참여했다. 1906년부터 1년 동안 〈만세보〉 사장, 1909년부터 나라를 빼앗길 때까지는 〈대한민보〉의 사장을 지내면서, 우리나라 최초로 신문에 연재소설과 일본을 비판하는 만평을 실은 선각자였다. 이 그림을 그린 심전 안중식과는 '서화가협회'를 창립해서 전통미술을 계승·발전시킬 미술가들을 양성했다.

오세창은 훗날 3·1운동 때 민족대표 33인 가운데 한 명으로 활약하다 감옥살이를 했고, 일제강점기에 간송 전형필을 도와 문화재 수집과 보존에 앞장선 애국지사다. 그래서 광복 후 미군정청으로부터 조선왕조 국새를 인계받을 민족대표로 선정되기도 했다.

따라서 이날 모임은 나라를 빼앗긴 지식인과 예술가들이 울분을 토하는 자리였다고 볼 수 있다. 무리 중 한 사람이 자리에서 일어나 호숫가를 바라보며 시름에 젖어 있는 모습이다. 당시 오세창의 집은 원각사 10층석탑이 바라보이는 신문로 언덕 위에 있었다고 전해진다. 그러니 그림 오른쪽에 보이는 탑은 원각사 탑의 꼭대기 부분일 것이다.

이렇게 지식인들이 나라 잃은 울분을 토할 때, 일본에 협조하면서 호의호식한 자도 많다. 일제는 1910년 8월 29일 '조선귀족령'을 발표했다. "대한제국 황실의 혈족으로 일본 황족의 예우를 받지 아니한 자, 명문가 후손 또는 공로 있는 조선인에게 귀족 작위를 수여하고, 작위는 후손에게 대물림된다"는 내용이었다.

《순종실록》 1910년 10월 7일자 기록에 의하면, 일본으로부터 후작 작위를 받은 사람은 6명, 백작은 3명, 자작은 22명, 남작은 44명으로 모두 75명이었다.[13]

당시 작위를 거절한 이는 8명이었는데, 《순종실록》은 1910년 10월 14일자에서 "작위를 받은 사람 가운데 김석진金奭鎭은 독약을 마시고 자결하였고, 조정구趙鼎九는 스스로 목을 베고도 죽지 않았으나 작위는 받지 않았다. 윤용구尹用求, 한규설韓圭卨, 유길준兪吉濬, 민영달閔泳達, 홍순형洪淳馨, 조경호趙慶鎬는 작위를 사양하고 반납하였다"고 기록했다.

김석진은 판돈녕부사를, 조정구는 흥선대원군의 둘째사위로 궁내부대신을 지냈다. 윤용구는 이조판서를 지낸 후 1895년부터 은둔생활을 했고, 한규설은 을사늑약 당시 참정대신이었는데 조약을 반대한 후 파면돼 은둔했다. 《서유견문》으로 유명한 유길준은 한때 내부대신을 지냈고, 민영달은 민씨 척족으로 명성황후 시해참변 후 은둔생활을 했다. 홍순형은 갑신정변 때 공조판서를 지냈으며, 조경호는 흥선대원군의 맏사위로 대원군 실각 후 은둔했다.

이 8명을 제외한 나머지 인물들은 모두 작위를 받았고, 이들에게는

25,000~504,000엔의 일본 천황 은사금이 주어졌다. 친일반민족행위자재산조사위원회의 자료에 의하면, 당시 일본돈 1엔의 가치는 현재 20만 원으로 환산된다. 50억~1,000억 원이 넘는 돈이니, 어찌 즐겁지 않았겠는가.

그러나 기쁨은 잠깐이었다. 은사금은 일본은행에 예치되었다는 공채증서였고, 수혜자와 세습자에게는 그 이자만 지급될 뿐이었으니, 한마디로 '빛 좋은 개살구'였다.

1919년 3·1만세운동 직후인 3월 28일, 영국의 여류 화가 엘리자베스 키스Elizabeth Keith가 우리나라를 방문했다. 일본에서 영국 언론사 특파원으로 활동하는 형부 로버트슨 스콧Robertson Scott이 우리나라의 독립운동과 일제의 탄압을 취재하러 올 때 같이 왔기 때문에, 그녀도 당시 우리나라의 상황에 깊은 관심을 갖고 유심히 관찰했다.

엘리자베스 키스는 구한말 학자이자 고위 관료였다가 친일파로 변신해 자작 작위를 받은 운양雲養 김윤식(金允植, 1835~1922)의 초상화를 그렸는데, 김윤식이 감옥에서 풀려나 집으로 돌아온 지 며칠 안 됐을 때의 모습으로, 고뇌와 회한이 고스란히 담겨 있다.

김윤식은 연암 박지원의 손자 박규수에게 학문을 배웠다. 박지원의 학통을 이어받은 학자답게 서학西學을 수용하는 입장이었다. 1874년 문과에 급제한 뒤 황해도 암행어사, 부응교, 부교리, 승지, 순천 부사를 거쳐 이조판서, 외부대신 등 고위 관직을 역임했다. 1916년에는 경학원 대제학에 임명되어, '조선의 마지막 대제학'이라고 불리기도 했다.

학자에서 관료가 된 그는 개화정국에 몰아친 정치적 풍파에 몸을 맡

엘리자베스 키스, 〈운양 김윤식〉, 수채, 크기 미상, 1919년, 소장처 미상.

채용신, 〈춘우정 투강 순절도〉, 천에 수묵담채, 74.5×50cm, 1922년, 개인 소장.

유학자 김영상, 몸을 던지다

위 그림은 전북의 유학자 춘우정春雨亭 김영상金永相이 한일병합 후 유화책으로 유생들에게 주던 은사금을 거절하여 군산 감옥으로 호송되던 중 강물에 몸을 던져 자결하려는 장면을 훗날 채용신이 그린 것이다.

전북 고부 출신으로 당대 거유巨儒 기정진, 전간제 등과 교유한 김영상은 사공에 의해 구조되어 뜻을 이루지 못하고 다시 호송, 투옥되었다. 그러나 투옥 후 단식으로 순절하여 조선 선비의 기개를 떨쳤다. 1978년 지방 인사들의 발의로 그가 몸을 던졌던 강가 나루터인 김제군 청하면 동지산리에 춘우정투수순절추모비春雨亭投水殉節追慕碑가 세워졌다.

기고, 영욕의 세월을 함께했다. 1896년 2월 고종이 경복궁에서 러시아 공사관으로 피신하며 아관파천이 일어나자, '반 명성황후, 반 민씨 척족'이던 김윤식은 외무대신직에서 면직되었고, 명성황후 시해 음모를 알고도 방관했다는 이유로 탄핵되어 제주도로 종신유형에 처해졌다.

1907년 7월 일진회—進會의 청원과 정부의 70세 이상자에 대한 석방 조처에 따라 10년 만에 풀려난 뒤, 일종의 명예직인 황실제도국 총재, 제실회계감사원경, 중추원 의장 등에 임명되었다. 그리고 앞에서 언급했듯이 한일병합 후 자작 작위와 5만 엔의 은사금을 받았다.

그런 그가 왜 투옥되었던 걸까? 3·1운동 직후 이용직(李容稙, 1852~1932, 이완용 내각에서 학부대신을 지냈지만 한일병합에는 반대했다. 병합 뒤 자작 작위를 받고 김윤식이 대제학으로 있던 경학원에서 부제학을 지냈다)과 함께 독립청원서를 작성해 조선총독, 일본 내각 총리대신, 도쿄의 〈조일신문〉〈시사신보〉〈호지신문〉, 오사카의 〈매일신문〉 및 서울의 각 신문사에 보냈기 때문이다. 김윤식은 이 일로 2개월간 투옥되었다가, 85세의 고령이라는 이유로 징역 2년, 집행유예 3년의 형을 받고 풀려났다. 그러나 자작 작위는 박탈당했고, 3년 후인 1922년 1월 22일 88세를 일기로 세상을 떠났다.

김윤식이 사망하자 지식인들 사이에서는, 친일파였으니 가족장이 맞다, 개과천선했으니 사회장으로 해야 한다 등 갑론을박이 벌어졌다. 월탄 박종화는 "전일의 정치적 입장의 비非를 자각하고 쇠태의 노경에 감행한 바이니, 그 용기 어찌 약하다 할 바랴. 그래서 선생의 혀는 적에게만 유리하게 함이 아니다"라고 독립청원서를 제출한 용기를 인정하면서도, "그러나 김공金公의 뒤늦은 절조에 감복하여 사회가 장사한다(사회장) 함은 예가 지나침이 되지 않을까 한다"라며 한때의 친일행각이라도 벗을 수 없는 과오임을 강조했다.

갑론을박이 그치지 않자 〈동아일보〉는 "선생의 정치적 생애에 대해서는 비판받을 부분이 있지만, 이제 돌아가셨으니 비판을 자제하고 슬퍼하자"는 내용의 사설을 1922년 1월 26일자에 실었다.

장례위원이었던 박영효도 〈동아일보〉 1922년 1월 31일자에 실린 '사회장의 의미'라는 글에서, "본래 우리가 사회장이라는 이름을 결정한 이유는 결단코 전체 사회가 합동하여 장례를 지낸다는 의미가 아니다. 운양 선생의 서거를 애석해하는 사회의 일부 인사가 장례를 거행하게 되어 사회장이라는 이름을 사용하게 된 것일 뿐, 모든 사람이 장례 절차에 참가하기를 요구하는 것은 결코 아니다"라며 '사회장'의 의미를 축소하는 의견을 밝혔다.

이런 우여곡절 끝에 2월 4일 장례식을 치렀으니, 서거한 지 12일이나 지나서 집을 떠난 것이다. 만약 일본이 주는 작위를 받지 않았다면 '조선의 마지막 대제학'이 세상을 떠나는 길이 이렇게 어수선하고 시끄럽지는 않았을 것이다.

엘리자베스 키스는 서울뿐 아니라 평양, 원산, 함흥 등 외국 선교사들이 활동하던 지역을 방문해서 민초들의 다양한 삶의 모습을 그렸다. 그중에는 무명 여성 독립운동가의 모습도 있다. 키스는 1946년 영국에서 펴낸 《옛한국Old Korea》에서, 허리를 곧추세우고 꼿꼿한 자세로 앉은 이 여인을 북부 지방의 독립운동가라고 소개하면서 다음과 같이 썼다.

엘리자베스 키스, 〈미망인〉, 수채, 크기 미상, 1919년, 소장처 미상.

온화하면서도 슬픈 얼굴을 한 이 여인은 북부 지방 출신이다. 그녀는 일제에 끌려가 온갖 고문을 당하고 감옥에서 풀려나온 지 얼마 되지 않았다. 몸에는 아직 고문당한 흔적이 남아 있었고, 외아들 역시 3·1운동에 적극 가담해서 일본 경찰에 끌려가 언제 다시 만날지 모른다. 이 그림을 그린 것은 여름이었다. 여자는 전통적이고 폭이 넓은 크림색 치마를 입었고 그 안에는 헐렁한 바지를 입고 있었다. 그녀는 항라옷감(노방)으로 만든 저고리를 입었고, 꽤 더운 날씨인데도 두건을 쓰고 있었다. 북부 지방에 사는 사람들은 머리에 두건을 쓰는 풍습이 있다고 했다. 여자의 머리카락은 숱이 많고 길었으며 그것을 땋아서 머리에 감아올리고 있었다.

엘리자베스 키스가 북부 지방이라고 한 곳은 원산이나 함흥으로, 이두 도시는 일제강점기에 가장 강력하고 조직적인 노동운동이 전개된 곳이다. 일제강점기 이 두 도시의 노동운동 지도자였던 이주하李舟河는 함경남도 북청 출신이었고, 서울에서 노동운동을 주도하면서 '경성 트로이카'의 한 축을 이루던 이재유李載裕는 조선시대 유배지로 유명했던 '삼수갑산'의 삼수군(함경북도) 출신이었다. 오랫동안 관직 등용 기피 지역으로 낙인찍혔던 북부 지방에서 가장 강력한 독립운동이 이어졌고, 이렇듯 걸출한 운동가들을 탄생시켰으니, 역사의 아이러니가 아닐 수 없다.

엘리자베스 키스는 자신이 머물고 있던 동대문 옆 감리교 의료선교회관에서 외국인 선교사들로부터 우리나라가 처한 상황에 대해 많은 이야기를 들었다고 한다. 그리고 우연이었는지 아니면 선교사를 통해 듣는 이야기가 성에 차지 않아서였는지, 〈독립신문〉과 유인물을 두루마기

엘리자베스 키스 Elizabeth Keith, 1887~1956

스코틀랜드에서 태어나 영국과 일본에서 활동한 여류 화가다. 우리나라에는 3·1운동 직후인 1919년 3월 28일에 처음 방문해 6개월간 머물렀고, 그 후 1940년까지 여러 차례 들렀다. 그녀는 서울에만 머무르지 않고 함흥, 원산, 평양 등 북녘 도시들도 열심히 다니며 수채화, 목판화, 동판화, 드로잉 등 많은 그림을 남겼다. 현재 전해지는 우리나라 소재 작품은 약 66점으로, 〈민씨가의 규수〉〈종묘제례관〉〈궁중악사〉〈대한제국 군인〉〈환관〉〈갓바치〉〈농부〉〈원산〉〈평양〉〈조선의 새벽안개(함경남도 서호진 어촌)〉 등이다.

키스가 우리나라에 왔을 때 머물렀던 곳은 동대문 부인병원(지금의 이화여대 부속병원) 옆에 있던 감리교 의료선교회관이었다. 그곳의 의료선교사로 있던 로제타 셔우드 홀의 소개로 외국 선교사들이 활동하던 북부 지방의 여러 도시를 방문하면서, 당시 우리나라 민초들의 삶을 화폭에 담았다.

키스는 해주 결핵요양원을 운영하던 홀 박사(로제타 셔우드의 아들)의 결핵 퇴치 운동에 동참하면서 1934년, 1936년, 1940년 크리스마스실 도안을 그려주기도 했다.

1940년 이후 더는 우리나라에 오지 못했지만, 광복 후 한국을 소재로 한 그림을 역사와 문화를 소개하고 일제의 만행을 고발하는 글과 함께 묶어 《옛한국 Old Korea》을 출판했다.

키스는 이 책에서 "내가 그림을 그리기 위해 캔버스를 세워놓는 순간, 어디서 나타났는지 사람들이 구름같이 몰려왔다. 대부분 아이들이거나 나이 많은 남자들이었다. 사람들이 너무 몰려와서 구경하는 바람에 어떤 때는 포기하고 집에 왔다가, 새벽닭이 울 때 다시 찾아가 그림을 그리기도 했는데, 그래도 어떻게 알았는지 사람들이 몰려들었다"면서 당시 우리 사회에서 보기 어려웠을 서양 여류 화가가 겪어야 했던 일화를 소개했다.

키스는 우리나라에 왔을 때 미쓰코시 백화점에서 몇 차례 전시회를 열었고, 1924년에는 미국과 런던에서, 그리고 1926년에는 파리에서 전시회를 열어 한국 소재 작품을 소개했다. 1936년에는 우리 동포가 많이 살고 있던 하와이에서 전시회를 했는데, 많은 동포가 한복을 입고 와 관람한 후 울음을 터뜨렸다고 《옛한국》에 기록했다. 키스의 우리나라 소재 작품들은 영국 여왕 엘리자베스 2세의 로열컬렉션을 비롯해 샌프란시스코 박물관, 하와이 대학, 패서디나의 퍼시픽 아시아 박물관, 오리건 대학 박물관 등에 소장되어 있다.

에 감춰 갖고 다니며 사람들에게 나눠주는 독립운동가 청년을 통역 겸 그림도구를 들어주는 사람으로 고용해서 같이 다녔다고 한다.

키스는 《옛한국》에서 우리나라 여성들의 독립운동에 대해 상세하게 기술했다. "한국의 가정에서 여자들은 남자들보다 하대를 당하지만, 3·1만세운동 때는 여자들도 남자 못지않게 잘 싸웠다. 비밀문서를 전달하기도 하고, 지하조직에 참여했으며, 갖은 고문을 당하면서도 굽히지 않았다. 한국 여자들은 기회가 있을 때마다 그들이 얼마나 강인한가를 보여주었다."

일제강점기 독립운동에 참가한 사람들의 계층은 다양하다. 구한말 관직에 있던 관료, 군대해산 후 조직된 의병, 지식인, 학생, 농부 등 많은 사람이 조국의 독립을 위해 항거했다. 역사에 활약상을 남긴 이는 소수겠지만, 이름조차 남아 있지 않은 '무명' 독립운동가는 수없이 많다. 그들은 나라 잃은 백성의 한 사람으로서 오로지 조국의 독립을 기원하며 목숨을 걸고 일제에 저항했다.

06

누가 마지막 황후의 눈물을
닦아줄 것인가?

　조선왕조 그리고 대한제국의 마지막 황후는 순종의 두 번째 부인인 순정효황후(윤비, 1894~1966)다. 윤택영尹澤榮의 딸로 본관은 해평海平이다. 순종의 황태자 시절인 1904년에 황태자비 민씨(훗날 순명효황후로 추존)가 사망하자, 1906년 12월 13세에 황태자비로 책봉되었고, 1907년 일본이 고종을 강제 폐위하면서 순종이 즉위하자 14세의 어린 나이에 황후가 되었다.

　명성황후도 그렇지만 순정효황후 또한 초상화가 전하지 않는다. 다만 그 친정식구들의 초상화가 몇 점 남아 있다.

　엘리자베스 키스가 남긴 우리나라 근대의 그림 중에 〈궁중예복을 입은 공주Princess In Court Dress〉라는 작품이 그녀의 화집인 《옛한국》에 흑백 도판으로 실려 있다. 조선시대 예복禮服인 당의唐衣를 입고 화려한 족두리를 쓴 모습이 예사 신분이 아님을 알려준다. 키스는 "그녀는 머리에 까만 띠를 하고, 그 위에 금으로 만든 새를 붙이고 있었다. 조선왕조의 공주라는 표시라고 했다"는 말로 주인공의 신분을 밝혔다.

엘리자베스 키스, 〈궁중예복을 입은 공주〉, 수채, 크기 미상, 1926~1937년, 소장처 미상.

키스가 언급한 '금으로 만든 새'는 봉황 첩지로, 황후가 사용하던 용龍 첩지 다음으로 높다. 봉황 첩지는 임금의 후궁인 빈嬪이나 공주 그리고 그에 준하는 신분의 왕실 여인이 머리 위에 꽂았기 때문에, 그림의 주인공은 키스의 말대로 공주 혹은 옹주일 가능성이 높다.

그림 속 여인이 옹주라면, 나이를 감안할 때 고종의 옹주였을 것으로 보이는데, 고종에게 옹주라면 덕혜 옹주뿐이다. 그런데 키스는 이 여인이 "크리스천 계열 대학의 교수와 결혼한 유부녀였다"고 했으니, 덕혜 옹주는 아니다. 그렇다면 봉황 첩지를 한 이 여인은 누구일까? 고종의 숨겨진 옹주일까? 이에 대한 해답의 실마리는 '크리스천 계열 대학의 교수와 결혼'했다는 사실에서 찾을 수 있다.

당시 서울에서 크리스천 계열의 대학은 연희전문뿐이었다. 엘리자베스 키스의 그림 수집가인 송영달 교수(《옛한국》을 번역해서 '영국 화가 엘리자베스 키스의 코리아'라는 제목으로 출판한 미국 이스트캐롤라이나 대학 명예교수)는 연희전문 부교장을 역임한 유억겸(兪億兼, 1895~1947) 교수가 왕실 쪽 누군가와 결혼했다는 이야기를 들었다고 했다.

근대 유명인들의 신상을 기록한 《인사흥신》(1935)에 의하면, 유억겸은 유길준의 아들로, 1937년 이승만의 독립운동을 지원하던 흥업구락부興業俱樂部 사건으로 윤치호尹致昊, 장덕수張德洙 등과 함께 검거되어 석 달간 옥고를 치렀다. 광복 후에는 연희전문학교 교장, 대한기독교청년회연맹YMCA 회장, 미군정청 학무국장 등을 지냈다. 광복 후에는 초대 문교부장(1946)으로서 국립대학설립안(국대안)을 실현시키기도 했다.

유억겸은 가회동에 살았고, 부인은 윤희섭(尹喜燮, 1905년 11월생)이다. 여러 가지 정황으로 볼 때, 키스가 그린 '공주'는 진짜 공주나 옹주

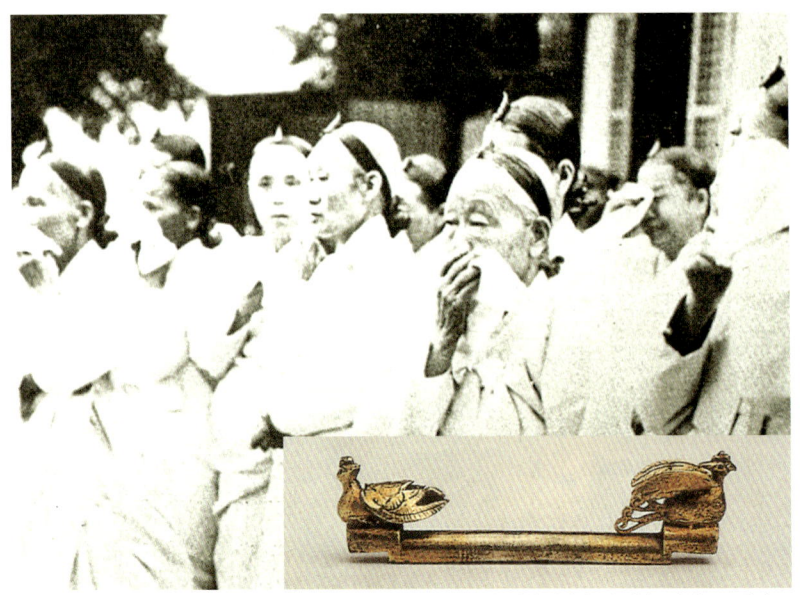
순종의 국상 때 상궁들의 모습이다. 백발 머리에 첩지를 꽂기 위한 까만 띠가 눈에 띈다. 아래는 19세기 조선에서 사용되던 길이 5센티미터의 봉황 첩지다(이화여자대학교 담인미술관 소장).

가 아니라 유억겸의 부인 윤희섭일 가능성이 높다.

〈매일신보〉1936년 9월 21일자에 "고 부원군 윤택영 후작 미망인 유씨는 계동 자택에서 십이지장 궤양과 노쇠증으로 요양 중이다가 18일 오후 2시에 작고하였다. 향년 61세. 부인은 기계 유씨로 16세에 고 부원군 윤택영 후작에게 출가하여 슬하에 2남 2녀를 두었다. 장남은 윤홍섭 씨, 차남은 윤의섭 씨이고, 창덕궁 대비전하께서는 그 장녀가 되신다. 차녀는 연희전문 부교장 유억겸 씨 부인"이라는 기사가 실렸다.

이 기사에 의하면, 유억겸 연희전문 부교장의 부인은 '창덕궁 대비전하(순정효황후, 당시 호칭은 윤비)의 여동생, 곧 순종의 처제다. 그리고 연

순종의 두 번째 부인인 순정효황후의 사진, 서울역사박물관 소장.

희전문 부교장 유억겸은 해풍부원군 윤택영 후작의 사위로 순종과 동서간이다.

이처럼 엘리자베스 키스가 그린 여인은 '공주'가 아닌데, 영어의 나라 영국에서 온 그녀는 왜 그림의 제목에 'princess'라는 말을 넣었을까? 언어 소통의 문제로 인한 오해였을까? 아니다.

미국에서 열린 휴버트 보스 회고전에 출품되었던 명성황후의 조카 민상호의 초상화에 붙은 영어 제목은 '한국의 왕자 민상호Min Sang Ho, Korean Prince'였다. 명성황후의 또 다른 조카 민영찬이 '황제의 밀사'로 미국을 방문했을 때도 미국 신문에서는 '왕자'라는 호칭을 썼다. 이렇듯 당시 영국이나 미국에서는 황후의 형제나 자매, 가까운 친척을 모두 '공주' 또는 '왕자'라고 칭했기 때문에, 황후의 동생인 윤희섭의 초상화에 '공주'라는 단어를 붙인 것이다.

그러면 이 그림은 언제 그린 것일까? 키스는 이 여인이 '크리스천 계열 대학의 교수와 결혼한 유부녀'이며, 또 상중喪中이라고 했다. 따라서 이 그림의 제작 연도를 알려면 유억겸과 언제 결혼을 했는지, 그리고 그 후에 언제 상을 당했는지를 알아야 한다.

일제강점기의 월간 종합잡지《삼천리》1940년 3월호에 실린 '전 연희전문학교 부교장 유억겸'이라는 제목의 기사를 보면, 두 사람은 1922년에 결혼했다. 그리고 1922년 이후 당한 상은 1926년 형부인 순종의 국상, 1935년 친정아버지 윤택영의 상, 1936년 친정어머니의 상이다. 그런데 키스는 이 여인의 집 앞에 일본 경찰들이 보초를 서 드나드는 사람들을 살핀다고 했으니, 6·10만세운동 등 시국이 어수선하던 1926년 순종의 국상 즈음이라고 추정할 수 있다.

키스의 그림 속 주인공 윤희섭의 언니 순정효황후는 13세 때인 1906년 12월에 황태자비로 책봉되었다. 그런데 친정아버지인 윤택영이 당시 황귀비였던 엄비에게 거액의 뇌물을 바쳐서 간택되었다는 소문과 그때 진 빚에 얽힌 일화들은 당시 언론의 흥미로운 취잿거리였다.

1907년 고종이 강제 폐위당하면서 순종이 황제로 즉위하자 14세의 어린 황태자비는 황후가 되었다. 그러나 황후의 아버지인 해풍부원군 윤택영과 그의 형 윤덕영은 우리나라 근대 황실의 인척 중 가장 부끄러운 모습을 보인 형제라고 해도 과언이 아니다.

윤택영(왼쪽)과 윤덕영의 초상화, 둘 다 이당 김은호가 그렸다.

우리나라 마지막 황후의 아버지 윤택영은 조선 최고의 '채무왕'이었고, 큰아버지 윤덕영은 이완용에 버금가는 친일파였다. 윤택영이 큰 빚을 졌다는 사실은 1907년 6월 1일자 〈황성신문〉에 실린 '10만 원 하사'라는 제목의 기사를 통해 확인된다. 신문은 "황태자 가례(결혼) 때 윤택영 씨의 부채가 200만 냥에 달해 매일 그의 집 앞에 빚쟁이들이 몰려온다는 소식을 들은 황제폐하께서 안타깝게 여기시고 어제 10만 원을 특별히 하사하셨다고 한다"라면서 윤택영의 빚이 200만 냥, 즉 20만 원임을 밝혔다.

당시 웬만한 기와집이 1만 원이었으니 20채 값이다. 요즘 서울 아파트 값으로 환산하면 최소 60억 원 정도다. 물론 기사에서는 결혼비용으로 진 빚이라고 했지만, 당시 고종의 후궁인 엄비에게 바친 황태자비 간택 뇌물비용까지 포함되어, 빚이 어마어마하게 불어난 것이다. (엄비는 윤택영에게 받은 뇌물을 자신의 후원으로 당시 갓 설립된 진명, 숙명, 양정 학교의 발전기금으로 사용한 것으로 추정된다.)

고종은 황실의 체면과 품위 유지를 위해 빚의 절반인 10만 원을 특별히 하사했다. 그러나 자신보다 두 살 어린 장인을 둔 순종과 '채무왕' 아버지를 둔 황후의 수난은 여기서 그치지 않았다.

거액의 빚

해풍부원군 윤택영 씨의 빚이 50~60만 원이라, 황실 재정으로는 이런 거액을 갚아줄 방법이 없어 난처해한다고 어느 고위 관리가 언성을 높이며 말했다.

_〈황성신문〉 1910년 1월 15일

황실 비용으로 빚을 갚아준다는 설

해풍부원군 윤택영 씨가 빚으로 인해 곤란이 심해, 황후께서 황실 비용으로 열흘마다 500원씩을 갚아준다는 이야기가 있다.

_〈황성신문〉 1910년 1월 22일

1907년에 20만 원이던 윤택영의 빚은 고종이 반을 갚아줬음에도 불구하고 1910년에 50~60만 원으로 늘어났다. 그래서 황후는 열흘마다 500원씩 보태줘야 했다. 그러나 어질고 순하다는 평판을 받던 황후를 마음고생시킨 건 친정아버지뿐만이 아니었다.

순정효황후는 1910년 9월 28일 국권이 강탈될 때 병풍 뒤에서 어전 회의가 진행되는 것을 엿듣고 있었다. 친일파들이 순종에게 병합조약에 날인할 것을 강요하자 황후는 이를 저지하기 위해 치마 속에 옥새玉璽를 감추고 내놓지 않았다. 그러자 큰아버지 윤덕영이 황후의 치마 속에 손을 넣어 강제로 옥새를 빼앗아 이완용에게 바쳤다.

윤덕영은 이 일로 강제 병합 후 자작의 작위와 은사금 5만 원을 받았다. 1940년 세상을 떠날 때까지 친일 기관인 중추원 부의장과 고문 등의 요직을 역임했고, 총독부의 전시정책 자문기관인 시국대책조사위원회 위원, 국민정신총동원조선연맹 발기인과 고문을 지냈다. 그는 아우와는 달리 재물을 모아서, 1920년 설립된 해동은행의 초대 은행장에 선출되기도 했다. 그러나 고종 황제 국장 때 '분참봉 첩지'를 위조해 판 혐의로 수사를 받으면서 곧바로 하차하는 수모를 겪기도 했다.

'분참봉 첩지 위조 사건'은 윤덕영이 주동이 되어 몇몇 다른 귀족과 함께, 고종 황제의 장례식을 주관하는 임시직인 '분참봉'에 임명한다는 첩지를 위조해 판매한 사건이다. 분참봉 첩지가 있으면 양반 행세를 할 수 있던 시절이라 수요가 있었던 것이다. 황후의 백부라는 지위를 이용한 웃지 못할 사기극이었다.

윤택영은 강제 병합 후 황후의 친정아버지에 대한 예우로 후작 작위와 매국 공채 504,000엔을 받았다. 당시 50~60만 원이던 빚을 다 갚을 수 있는 액수였다. 그러나 일본이 준 은사금은 현금이 아니었다. 귀족 작위처럼 세습되면서 은행을 통해 이자만 받을 수 있는 '세습 공채'였으니, 당장 현금이 필요한 윤택영에게는 그야말로 '빛 좋은 개살구'였다. 그래서 그는 빚 갚으라고 독촉하는 빚쟁이들에게, 은사금이 공채로

나와 재산이 300원뿐이라고 호소했지만 아무도 그의 말을 믿지 않았다.

결국 그는 1911년 빚쟁이들에게 소송을 당했고, 4월 11일에는 집 안에 있던 물건에 대해 경매가 붙여져 부인의 옷, 고종이 하사한 꽃병까지 경매되었다.[14]

이에 윤택영은 큰아들과 함께 빚을 단숨에 갚겠다며 미두米豆 투기(쌀과 대두大豆에 10퍼센트의 현금을 투자한 후 팔린 다음 청산하는 형태의 거래로, 1년 만에 1천 배의 수익을 올린 반복창이라는 상인 이야기가 전해지면서 투기의 대명사가 되었다)에 손을 대고 뚝섬에 땅콩밭을 사들였지만 모두 실패하고 빚만 오히려 더 늘어났다.

빚쟁이들의 독촉은 더욱 심해졌고, 윤택영은 결국 큰아들 윤홍섭과 함께 1920년 7월 8일 베이징행 열차에 몸을 실었다. 중국으로 '경제적 망명'을 한 것이다. 그렇다면 1922년에 있었던, 그림의 주인공인 둘째 딸 윤희섭의 결혼식은 어떻게 치러졌을까?

〈매일신보〉 1922년 11월 17일자에 "황후의 여동생이자 윤택영의 둘째딸 '차순'(아명으로 추정)이 나이가 18세가 되어 '삼촌 되시는 윤덕영 자작의 주장으로' 유길준 선생의 둘째아들 유억겸 씨와 약혼하고, 오는 20일 오전에 간동 97번지 윤택영 본댁에서 결혼식을 한다"는 기사가 실렸다. 당시 신문에는 결혼 소식만 있을 뿐 당대의 채무왕인 신부의 아버지가 결혼식에 참석하기 위해 서울에 왔다는 기사는 없다.

상식적으로 생각할 때, 당대의 명문가인 유길준 집안에서 '채무왕'의 딸과 혼인을 했다는 게 잘 이해가 되지 않는다. 그런데 《삼천리》 1939년 6월호에 "유길준의 가문은 혼벌을 타파한 개화 가정"이라는 내용의 기사가 실렸다. 혼벌婚閥은 당시의 세도가, 명문가, 재력가 사이에 횡행하던 정략결혼을 일컫는다.

그러면 혼벌을 타파하고 사람만 보고 혼인을 결정한 유길준 가문의 판단은 옳았을까? 〈조선중앙일보〉 1935년 3월 4일자에 실린 기고문으로 비춰볼 때, 윤희섭은 연희전문 부교장의 부인에 걸맞은 활동을 하면서 내조를 충실히 한 것으로 보인다. 윤희섭은 '교문 밖은 전선, 그대가 만일 결혼을 한다면'이라는 제목의 기고문에 이렇게 썼다.

이 봄에 학교를 졸업하시는 분들 중에는 교문을 나서면서 직업전선으로 나가는 분도 있으실 것이며, 또 어떤 분들은 보다 넓고 깊은 학문과 예술의 길로 들어가시겠지요. 그러나 어떤 분들은 교문을 나서자마자 결혼생활로 아늑한 자리를 잡는 분도 많으실 겁니다.
이 여러 가지로 전개되는 새 생활 중에서도 과거와 달리 모든 것이 새로운 동시에 마음의 준비가 어렵다고 할 만한 것이 교문을 나선 후 바로 결혼생활로 들어가는 분들이라고 생각합니다.
언제나 새 생활의 코스를 밟을 때에는 여기에 대한 준비가 필요하겠지만, 결혼에 있어서는 이 준비와 자각이라는 것이 대단히 필요한 동시에 중요하다는 것은 이 준비가 잘 되고 못 되는 데에 따라 아름다운 가정을 이룰 수도 있고, 비참한 무덤이 될 수도 있기 때문입니다. 그러면 신혼생활로 들어가는 분들에게 어떤 각오와 준비가 필요할까요?

윤희섭은 이 글에서 결혼을 해 같이 살다 보면 남편의 결점이 발견되기 마련인데, 그때 실망하거나 싸우지 말고, 좋은 점을 보며 살라고 조언했다. 엘리자베스 키스도 《옛한국》에서 윤희섭에 대해 "당당하고 기품이 있었다"면서, 그녀가 거처하는 방에는 사치품이 없고 깔끔했다고 했으니, 유길준 가문의 선택은 옳았다고 할 수 있겠다.

중국에서 지내던 윤택영이 다시 귀국한 것은 1926년 4월 28일, 순종이 승하하기 직전이었다. 당시 언론 보도에 의하면, 윤택영은 기차를 타고 왔는데 빚쟁이들 때문에 서울역까지 올 수 없어 문산역에서 내려 황실에서 보내준 승용차를 타고 창덕궁으로 직행했다. 그리고 상이 끝난 후 다시 문산으로 가서 중국행 열차를 타고 베이징으로 도주했다.

〈동아일보〉는 1926년 7월 9일 '가련한 귀족'이라는 제목의 기사를 통해 "300만 원의 산더미 같은 빚을 지고 조선에서는 견디다 못해 북경에 가서 엿장사까지 한다는 소문이 들리던 윤택영 후작 대감이 국상 때 서울에 들어왔던 사실은 누구나 다 알고 있을 것이다. 그런데 채무 총액의 십분지 일인 30만 원으로 채무를 정리하려고 30여 명이나 되는 채권자들에게 애걸복걸하였으나 도무지 듣지를 않아, 이왕직의 재정을 좌지우지하는 윤덕영 자작 대감에게 '형님덕'을 보기 위하여 이왕직에도 애소 호소를 하여보았으나, 운수가 다하였는지 도무지 시원치 아니하므로 다시 북경으로 뺑소니를 할 모양이라고 한다"며 비웃었다.

윤택영이 다시 중국으로 달아나자 빚쟁이들은 법원에 윤택영의 파산 신청을 했는데, 신청된 1926년 당시 채무 총액이 350만 원이었다. 이후 〈동아일보〉와 〈조선일보〉 등 당시 언론들은 재판 때마다 중계방송하듯 공판 결과를 보도했지만, 윤택영은 끝내 재판에 나타나지 않았다. 그리고 몇 년 후인 1935년 10월 24일 "오랫동안 북경에 가 있던 윤택영 후

작은 9월경부터 늑막염으로 북경 일화동인병원에서 요양 중이었는데, 23일 오전 8시 15분에 서거하였다"는 내용의 부고 기사가 각 신문에 실렸다.

조선의 마지막 부원군 윤택영은 사위인 순종의 장례 이후 다시는 고국 땅을 밟지 못하고 1935년 10월 23일 베이징에서 세상을 떠났다. 황후의 나이 어느덧 42세였다. 13세 때부터 시작된 마음고생은 그렇게 끝이 났고, 허망한 슬픔만 남았다.

순정효황후는 창덕궁 낙선재에서 몰락한 황실 친인척들의 뒤치다꺼리를 하면서 남은 생을 보냈다. 한국전쟁 때는 정부에서 손을 써주지 않아 피난을 가지 못한 채 인민군에게 둘러싸였지만 "내가 조선의 국모"라며 호통을 쳤다는 일화가 전한다. 시누이인 덕혜 옹주가 기억상실증에 걸려 돌아오는 모습까지 지켜봐야 했던 황후는, 1966년 낙선재에서 71세를 일기로 생을 마감했다. 곡을 하지 말라는 유언을 남겼고 슬하에 자녀는 없었지만, 60만 인파가 '조선왕조의 마지막 국모'가 지아비가 있는 유릉으로 가는 길을 배웅했다.

07

한강과 대동강을 수놓던
황포돛배는 사라지고…

조선시대 한성이 상업도시로 발달할 수 있었던 것은 한강漢江을 통한 대규모 운송이 가능했기 때문이다. 전국 각 지방에서 생산되는 모든 물품이 한강을 통해 한성에 모였다가 다시 한강을 통해 전국으로 유통되었다. 한강은 강원도 심심산천에서 발원하여 충청도와 경기도를 거치고 서울을 에돌아 서해바다에 이른다. 그중 한성의 남쪽 광나루에서 서쪽 양화나루까지를 경강京江이라고 불렀는데, 이 일대가 가장 활발한 상업지대였다.

경강은 다시 한강, 용산강, 서강 등 세 강으로 나뉜다. 남산 남쪽 아래에서 노량진까지는 한강, 노량진에서 마포나루까지는 용산강, 마포나루에서 양화나루까지가 서강이다. 지금은 무인도가 돼버렸지만, 당시 밤섬에는 조선 최고의 배 기술자들이 포진한 조선소가 여럿 있었다. 조선소며 수상운송은 이 일대 상권을 쥔 경강상인(京江商人, 줄여서 강상이라고 불렀다)들의 지배 아래 있었으므로 한성의 상권 역시 강상들이 쥐락펴락했다.

조선시대에 한강을 오가던 황포돛배에 대한 근대의 기록은, 1894~1897년 네 차례에 걸쳐 우리나라를 방문했던 이사벨라 비숍의 방문기 《조선과 그 이웃나라들》에서 찾아볼 수 있다. 비숍은 당시 배를 타고 한강 물길을 따라 충청도 단양까지 여행한 후 "조선에서는 소금을 비롯한 많은 물품이 한강에서 배를 통해 포구로 운반되고 포구의 상인들은 소나 말, 지게 등을 이용해서 도시의 장터로 옮긴다"고 기록했다.

포구의 상권을 장악하고 있던 경강상인은 서울의 객주에서 구입한 물품들을 황포돛배에 실어 강원도나 충청도로 가져가 팔고, 다시 그곳에서 쌀·소금·나무·숯·생선 등을 싣고 와 서울의 포구나 객주들에 팔았다.

객주는 객상주인客商主人의 줄임말로 지금의 도매상인을 뜻한다. 그들은 각 지방 관아에 일정한 세금을 내고 장사를 했는데, 강상과 보부상 사이의 거래를 중개하거나 일부 품목을 독점해 팔면서 부를 축적했다.

조선 후기의 기록을 보면, 한강을 오르내리던 황포돛배의 수는 하루 평균 100척이었고, 배 한 척에 대략 30가마니의 쌀이나 소금을 실었다고 한다.

새벽 물안개를 가르며 나루터에 도착했을 황포돛배 위에서 상인 둘이 두런두런 이야기를 나누고 있는 〈한강의 황포돛배〉는 미국 화가 릴리언 밀러Lilian Miller가 1920년에 제작한 목판화다. 그런데 이 작품의 배에 실린 자루의 수도 대략 그쯤 되어 보이니, 일제강점기에도 경강상인의 후예들은 존재했고, 그들이 갖고 다니던 물목이나 수량도 조선시대와 크게 다르지 않았음을 짐작할 수 있다.

밀러는 수령이 제법 되어 보이는 소나무의 껍질과 돛포, 짙푸른 솔잎

릴리언 밀러, 〈한강의 황포돛배〉, 다색목판, 46×23cm, 1920년, 개인 소장.

과 강물빛이 조화를 이루는 이 작품의 제목을 '한강의 황포돛배Orange-Sailed Junk of the Han'라고 함으로써, 배경이 한강임을 명확하게 밝혔다. 또 작업노트에 "이 나루터 근처에 연꽃이 많은 연못이 있다"고 기록한 것으로 보아, 양수리 나루터의 풍경임을 추정할 수 있다. 양수리(두물머리)에는 팔당댐이 완공되기 전까지 나루터가 존재했고, 근처에 연지蓮池가 있었다. 양수리 나루터 자리에서 강을 바라보면 옆의 그림에서처럼 작은 섬이 보인다.

당시 충청도나 강원도에서 온 황포돛배들은 양수리 나루터에 들렀다가 현재 워커힐호텔이 있는 광나루, 뚝섬 근처 송파나루, 노량진 마포나루를 거쳐 양화나루(지금의 성산대교 옆 절두산성당 부근)까지 갔다.

배의 돛포가 흰 광목이 아니라 황색인 이유에 대해, 황포돛배 제작자 인간문화재 김귀성 씨는 "흰 광목에 단순한 황색을 물들인 것이 아니다. 광목에 진흙을 풀어 만든 황톳물을 들인 것이고, 그렇게 만들어야 좀을 방지하고 질기며 비바람을 맞아도 변하거나 썩지 않기 때문"이라 했다.

밀러는 한강뿐 아니라 대동강을 운항하는 황포돛배도 그렸다. 그녀가 무슨 이유로 황포돛배에 관심을 가졌는지는 알 수 없다. 당시 우리나라에서는 강물에 띄운 황포돛배가 운송과 교통 수단으로 활발하게 이용되었으니, 자동차나 기차 등 근대적인 교통수단에 이미 익숙해 있던 미국인 화가의 눈에는 매우 독특해 보였을지도 모른다. 그런 서구 문명적 시각으로 볼 때 황포돛배는 머지않아 사라져버릴 풍경이기에 작품으로 남기고 싶었던 걸까?

또 다른 작품 〈노을 속의 황포돛배〉를 보자. 바람이 많이 부는지 돛포가 활짝 부푼 일곱 척의 황포돛배가 노을 가득한 대동강 물길을 따라 유

릴리언 밀러, 〈노을 속의 황포돛배〉, 다색목판 두 쪽 연결, 36×76cm, 1928년, 개인 소장.

유히 내려오는 모습을 그린 이 작품은, 서구의 화가가 작업한 목판화라고는 믿어지지 않을 정도로 우리 민족의 서정적 감성을 잘 표현하고 있다. 마치 한 편의 서사시 같다.

> 아아 날이 저문다, 서편 하늘에, 외로운 강물 위에, 스러져가는 분홍빛 놀…… 아아 해가 저물면, 해가 저물면 날마다 살구나무 그늘에 혼자 우는 밤이 또 오건마는, 오늘은 사월이라 파일날, 큰길을 물밀어가는 사람 소리는 듣기만 하여도 홍성스러운 것을, 왜 나만 혼자 가슴에 눈물을 참을 수 없는고?
> _ 주요한, 〈불놀이〉 첫 부분, 1919년

대동강변에 있는 연광정 사진.

〈노을 속의 황포돛배〉는 1998년 8월 19일부터 1999년 1월 3일까지 미국 캘리포니아주 패서디나의 퍼시픽 아시아 박물관에서 개최된 릴리언 밀러의 대규모 회고전 '두 세계 사이에서' 전시 도록의 표지에 소개되었다. 박물관이나 미술관에서 대부분의 경우 전시 대표작을 도록 표지에 싣는 예로 볼 때, 이 작품은 밀러의 대표작 중 한 점으로 평가된다고 할 수 있다.

밀러는 이 작품의 배경이 대동강이라는 기록을 따로 남기지 않았으나, 그림 왼쪽 절벽에 삐져나온 두 그루의 소나무로 볼 때, 작품 속 절벽 위 정자가 대동강의 연광정練光亭임을 알 수 있다. 연광정은 예로부터

'관서팔경'의 하나로 손꼽히던 곳으로, 부벽루와 함께 평양감사가 연회를 열곤 하던 누각이다. 현재 북한의 국보 문화유물 제16호로 등록되어 있다.

고려 예종 때 고시古詩로 이름을 날려 해동 제일인자라고 추앙받던 김황원(金黃元, 1045~1117)이 이 연광정에 올라 종일토록 생각에 잠겼다가 "성벽을 끼고 흐르는 강물 넓고 질펀한데 강 건너 넓은 동쪽 들에는 점찍은 듯한 조그만 산만 아득하네"라는 글귀만 낸 채 시상이 막혀 마침내 통곡하며 내려갔다는 일화가 전해내려온다. 그만큼 주변 경치가 기막힌 절경이다.

밀러의 이 작품에는 일찍이 김황원이 읊은 '넓고 질펀한' 대동강과 '동쪽 들'과 '조그만 산'들이 고스란히 표현되어 있다. 시대와 국적은 달라도 시인과 화가가 한 풍경을 바라보며 느끼는 감수성은 이토록 비슷한 모양이다.

대동강에 황포돛배가 많이 다녔다는 건 조선시대의 그림들을 통해서 확인할 수 있다. 대동강 하구에 방조제를 쌓지 않았던 조선시대와 근대에는 서해의 밀물이 대동강까지 흘러들어왔다. 따라서 대동강의 수심이 지금보다 깊어, 황포돛배로 물건을 나르며 장사하는 사람들이 있었다는 기록이 있다.

작가 미상인 〈평양도〉와 밀러의 판화 〈노을 속의 황포돛배〉를 보면, 똑같이 한 배에 두 폭의 황포가 있었음을 알 수 있다. 조선시대의 황포돛배 제작 기술이 근대까지 이어지고 있었다는 뜻이겠다. 황포돛배 제작자인 인간문화재 김귀성 씨에 의하면, 배는 길이 19.91미터, 폭 2.88미터, 높이 0.96미터이고, 돛대의 높이는 11.5미터라 한다.

작가 미상, 10폭 병풍 〈평양도〉 부분, 조선 후기 추정, 서울대 박물관 소장.

한강과 대동강을 바삐 오가던 황포돛배는 근대화와 함께 밀려들어온 기차와 트럭에 운송품을 빼앗기면서 역사 속으로 사라졌다. 그러나 시대와 경제의 흐름을 꿰고 있던 일부 눈치 빠른 객주와 경강상인들은 근대화의 흐름 속에 무역과 유통의 중심지가 된 인천·부산·원산 등으로 옮겨갔고, 일부는 멀리 블라디보스토크로 이주해 무역을 시작했다.

〈황성신문〉 1900년 7월 3일자를 보면 "한성 내외 객주들이 광신교역회사를 설립하고 사장은 법부협판 이근호 씨, 부사장은 내부협판 민경식 씨로 하고, 회사 규칙을 정해서 농부에 청원하였다. 회사를 설립한 뜻은 객주들이 외국인들과 자유롭게 교역을 할 수 있는 물품과 자금을 준비하여 무역 거래가 성사되면 100분의 2를 수수료로 받기로 하였다"는 기사가 실렸으니, 이미 이때부터 객주들이 무역회사를 설립해 영업을 시작했음을 알 수 있다.

릴리언 밀러가 대동강의 황포돛배 선단을 그리고 8년 후인 1936년

릴리언 밀러 Lilian May Miller, 1895~1943

1895년 일본에서 태어난 미국의 여류 화가다. 아버지 랜스퍼드 밀러 Ransford Miller가 1895년부터 일본 주재 미국 대사관에 근무했고, 1920~1932년 서울 주재 영사로 근무했다. 밀러는 일본에서 어려서부터 목판화 교육을 받았고, 미국 바사 대학 미술학과에서 본격적인 미술수업을 받았으며, 아버지의 근무처인 일본과 서울을 오가면서 활동했다. 이제는 사라져 흔적을 찾을 수 없는 금강산의 마하연, 대동강의 황포돛배 선단, 한강 나루터, 혜화문, 농촌 풍경, 시골 할아버지와 아낙네들의 모습 등 우리 근대의 풍경과 삶의 모습이 담긴 작품 40여 점을 남겼다.

10월 10일자 〈매일신보〉에는 "평양의 발전과 함께 평양항의 무역도 급증하여 총 무역액 2,000만 원 돌파가 금년에는 실현될 것이라 하여 일반의 주목을 받고 있다. 9월 6일 현재의 무역 누계는 1,585만 원으로 작년 같은 기간 동안의 1,447만 원에 비해 140만 원 늘어났기 때문에, 작년 총액 1,969만 원을 돌파해서 2,000만 원 실현은 확실해 보인다고 한다"는 기사가 실렸다.

황포돛배로 한강과 대동강을 오르내리던 경강상인과, 포구에서 그들과 물건을 거래하면서 장사를 하던 객주들은 이렇게 근대화의 흐름에 돛을 맡기고 무역상과 상공인으로 발돋움했다. 어느 시대나 위기를 기회로 만들 줄 아는 상인은 존재한다.

08

초등학교 선생도
칼 차고 조회하던 1919년

우리나라에서 근대적인 초등교육이 시작된 것은 1895년이다. 고종은 1895년 29개 조항으로 된 소학교령小學校令을 공표하면서 다음과 같은 교시를 내렸다.

교육은 개화開化의 근본이다. 나라를 사랑하는 마음과 부강해지는 기술이 모두 학문으로부터 생기니, 나라의 문명文明은 학교의 성쇠에 달려 있다. 학생은 8세 이상 15세까지 더 모집하고 그 과정은 오륜행실五倫行實로부터 《소학小學》과 우리나라 역사와 지리, 국문, 산술, 그 외에 외국 역사와 지리 등 시의時宜에 맞는 책을 일체 가르치면서 헛된 형식을 버리고 실용을 숭상하여 교육을 완전하게 하기에 힘써라.

대체로 다른 나라 학교의 규정을 생각건대, 아동이 학교에 입학하지 않으면 그 부형父兄에게 벌을 주는 예도 더러 있다. 우리나라에서는 이런 규정을 아직은 시행하지 못하였으나 아동의 부형 되는 자는 아들이나 동생을 데리고 본 부에 와서 허입장許入狀을 받은 후 학교에 가서 학업을 힘써 닦게 하되, 혹 게을러서 중단하는 폐단이 없게 하기를 바란다.

_《고종실록》 1895년 9월 28일

소학교령은 '학부學部 고시告示 제121호'라는 제목으로 〈내각 기록국 관보〉에 게재되었고, 8월 1일부터 시행되었으며, 이때부터 각 관찰부觀察府 소재지(지금의 도청 소재지)에 소학교 1개를 세울 수 있었다. 개화정국의 혼란 속에서도 조선은 나름대로 근대국가의 기틀을 서서히 잡아가고 있었다.

소학교령은 고종의 명으로 만들어졌지만, 실무자는 당시 학부대신(지금의 교육부 장관)이던 이완용이다. 그래서 당시 배포된 〈소학교령〉이라는 조그만 책자의 저자가 '이완용'으로 표기돼 있다. 당시 이완용은 38세였는데, 김홍집 내각이 물러난 뒤 박정양이 총리를 맡은 정권에서 학부대신으로 입각했다. 그때만 해도 친일파가 아니었다.

소학교령의 목적은 "아동의 신체 발달에 맞추어 국민 교육의 기초와 그 생활상에 필요한 보통 지식 및 기능을 기르는 것"이었다. 학교의 종류는 관·공립과 사립으로 나뉘며, 관립은 국가에서, 공립은 부와 군에서, 사립은 개인이 설립·운영하도록 했다. 편제는 5년이었다.

조선에서는 초등교육 제도를 마련하기 위해, 한 해 전(1894년)에 교사 양성을 위한 한성사범학교를 세웠고, 왕실과 고위 관료 자제들을 위한 부속소학교(관립 교동소학교, 지금의 교동초등학교)를 설립했다. 그래서 학부에서는 소학교령을 공표하면서, 한성사범학교와 부속소학교 운영세칙 24개 조항도 발표했는데, 한성사범학교 학생 수를 본과 40명, 속성과 60명으로 정했다.

그렇다면 우리나라 최초의 관립 소학교는 재학생이 몇 명이나 되었을까? 학부의 기록에 의하면, 1895년 8월 14일에 136명이 재학했다.

1896년 초등학교 교과서는 어떤 모습이었을까?

우리나라 근대 최초의 초등학교 교과서는 '소학교령'이 공표된 1895년에 발행된 《국민소학독본》이다. 민족의식을 고취하는 글, 세계 문물과 과학을 소개하는 글, 전래동화, 위인이야기 등이 실려 있었다. 다음 해인 1896년에는 학무국(지금의 문교부) 편집국에서 만든 《신정심상소학》을 사용했는데, 모두 3권이고 총 31과로 구성되어 있다. 글자 아래 까만 점이나 동그라미로 띄어쓰기(읽기) 표시를 했고, 목판화로 만든 삽화를 많이 넣어 어린 학생들이 이해하기 쉽도록 만들었다.

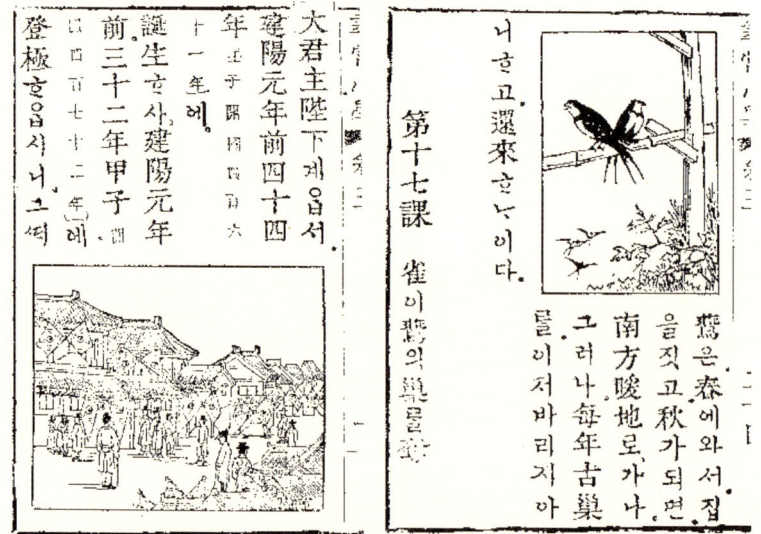

1896년에 발행된 《신정심상소학》의 내용. (왼쪽) "대군주 폐하께옵서 건양 원년(1896)의 44년 전(개국 461년)에 탄생하시고, 건양 원년 32년 전(개국 472년)에 왕위에 등극하시었다." 태극기를 휘날리는 그림으로 민족의식을 고취시켰다. (오른쪽) "제비는 봄에 우리나라에 와서 집을 짓고, 가을이 되면 따뜻한 남쪽나라로 간다."

교동소학교는 기와집 두 채를 고쳐, 하나는 교실, 다른 하나는 교무실로 사용한 아주 조그마한 학교였는데, 처음 입학생은 20~40명이었다는 설만 있을 뿐 정확한 기록은 아직 발견되지 않았다.

일제강점기에 교동소학교를 다닌 학생들 사이에 '전설'처럼 전해내려왔다는 증언에 의하면, "왕족과 당시 내로라 하는 집안의 자녀들이 다녔기 때문에 점심시간이면 도시락 심부름을 하는 하인들로 학교 운동장이 북새통을 이루었다"고 한다. 대부분 서당에서 옮겨온 학생들이었기 때문에, 같은 학년이라고 해도 나이 차이가 많이 났고, 형과 동생이 한 교실에서 공부하는 경우도 있었다. 장가를 들어 아이까지 둔 학생도 있었는데, 이들은 상투를 틀고 갓을 쓴 채 나이 어린 학생들에게 모범을 보이느라 점잖은 자세로 공부를 했다는 이야기도 전한다.

학부의 통계에 의하면, 소학교령이 공표된 1895년에 서울에 4개, 지방에 37개의 소학교가 개교했다. 그리고 다음 해부터 그 수가 늘어나기 시작해, 1899년의 통계에 의하면, 서울에 10개의 관립 소학교가 있었다.

〈독립신문〉 1899년 5월 2일자에 "학부 주최로 공립·관립·사립의 소학교 연합 대운동회 개최"라는 기사가 실렸으니, 공립과 사립 소학교도 존재했음을 알 수 있다. 그리고 당시 지방에 62개의 소학교가 있었다는 기록도 전한다. 주로 지방 유지들이 뜻을 갖고 사립 학교를 세웠기 때문에 지방의 학교 수도 비교적 많았다.

1905년 을사늑약이 체결되면서 일본은 우리나라의 교육도 통제하기 시작했다. 통감부는 1906년 종래의 학교 제도를 전면적으로 개편하면서, '소학교'라는 이름을 '보통학교'로 바꿨다. 교육 연한도 4년으로 단

엘리자베스 키스, 〈신식 학교(창신 공립 보통학교)〉, 수채, 크기 미상, 1919년, 소장처 미상.

축했고, 학교에 다닐 수 있는 나이를 '8~15세'에서 '8~12세'로 축소시켰다. 국·공립 학교에는 일본어 과목이 신설되었다. 교육 연한은 1920년에 다시 6년으로 늘렸지만, 실제적으로는 4년제 보통학교가 더 많았다.

그 후 1938년에 '보통학교'를 다시 '심상소학교'로 개칭했는데, 심상尋常은 고등高等이 아닌 '보통 수준'의 학교라는 뜻이었다. 학제는 일본의 초등학교와 같은 6년제로 개편되었다.

초등학교의 명칭은 1941년에 또 '국민학교'로 바뀌었는데, '내선일체內鮮一體'의 식민지 정책을 강조하기 위해 '황국 신민의 학교'라는 의

《경성부사》에 실린 창신동 원흥사 절터의 창신 공립 보통학교 사진, 1920년 촬영, 이순우 우리문화재자료연구소장 제공.

미로 바꾼 것이다. 이런 이유 때문에 1996년 우리 정부가 늦게나마 '초등학교'로 개칭했다.

일제강점기에 보통학교를 찍은 사진자료는 많지만, 그림자료는 엘리자베스 키스가 그린 〈신식 학교〉가 유일하다. 이 작품은 그녀의 화집 《옛한국》에 흑백 도판으로 실려 있는데, 그림 설명에서 "내가 처음 서울에 갔을 때" 그렸다고 했으니 1919년 작품이다. 원제는 '신식 학교와 구식 학교Schools Old and New'다.

키스는 《옛한국》에서, 이 학교는 원래 절이었는데 일본 정부에 의해 임시 교사로 사용되고 있다고 밝혔다. 일제는 식민지 교육을 강화하기 위해 시멘트로 된 학교를 부지런히 건축했지만 그 수가 부족해서 절을 임시 교사로 사용했던 것이다.

그렇다면 당시 서울에서 절을 임시 교사로 사용한 초등학교는 어디였을까? 그림을 본 이순우 우리문화재자료연구소장은, 창신동 원홍사元興寺 절터에 설립된 창신 공립 보통학교(지금의 창신초등학교)라고 추정했다. 실제로 《경성부사京城府史》(1934년 경성부京城府에서 간행한 서울의 연혁을 기록한 책)에 소개된 사진과 키스의 그림이 일치한다.

원홍사는 우리나라 근대사의 한 자락이 담겨 있는 절이다. 1876년 개항 이후 일본 불교가 들어오자, 오랜 기간 산속에 자리잡고 있던 우리 불교계는 1902년 동대문 밖 창신동에 원홍사를 창건해 도심 포교를 시작했다. 그리고 1906년 지금의 동국대학교 전신인 명진학교를 원홍사에서 시작했다. 우리나라 최초의 불교 학교가 이곳에서 시작된 것이다.

이렇게 해서 조선 불교종단의 구심처가 된 원홍사는 도심 포교를 더욱 강화하기 위해 종무원 소속의 사찰을 사대문 안에 세울 계획을 세웠다. 그리고 1910년 2월 초, 내부(內部, 지금의 내무부)로부터 종로 한복판인 중부 사동에 종무원 소속 불교당(사찰)을 건축해도 좋다는 허락을 받았다.[15]

공사는 3월부터 시작되었고, 같은 해 10월 27일 종로구 박동에 각황사覺皇寺가 창건되었다. 이 절이 지금의 조계사로, 조선왕조의 숭유억불 정책으로 사대문 안에 사찰을 건축하지 못했던 500년의 '한'을 비로소 털어내는 순간이었다. 그리고 이때부터 많은 스님이 산사에서 도심으로 나와 포교를 시작했다. 당시 원홍사는 지금의 조계사를 서울 시내 한복판에 창건하는 불사를 계획하고 건축을 진행한 사찰이다.

각황사의 창건으로 조선 불교의 중심이 동대문 밖 창신동에서 사대문 안으로 옮겨오자, 명진학교도 1915년에 북관묘(北關廟, 지금의 명륜동)로 이전했다. 이로써 원흥사가 비게 되자 총독부는 이곳에 1916년 5월 20일 창신 공립 보통학교를 개교했다.

키스는 《옛한국》에서, "스케치 대상을 찾아다니다가 주변 경관이 아름다운 이곳에서 예쁜 옷을 입고 있는 학생들을 만났다"고 회상했다. 키스가 1919년 우리나라를 방문해서 머문 곳이 동대문 옆 감리교회 건물이었기 때문에, 숙소에서 멀지 않은 창신동의 이 학교를 찾아갔을 것이다.

그림의 풍경은 모든 학년의 학생이 모여서 주변 선생으로부터 훈시를 듣는 조회 광경이다. 당시에는 매일 아침 수업 시작 15분 전에 조회 시간이 있었다. 그런데 이 그림을 자세히 살펴보면, 단상의 선생이 칼을 차고 있는 것을 볼 수 있다. 이때에는 경찰이나 군인이 아닌 초등학교 선생도 칼을 찼다. 이른바 '무단정치'의 일환이었다. 이런 선생들의 착검은 3·1운동 이후 민심을 달래는 차원에서 중지했다는 기록이 있지만, 키스가 이 그림을 그린 1919년 후반에도 선생들이 착검을 하고 학생들 앞에 섰음을 알 수 있다. 그런 시대였다.

09

덕혜 옹주가 다닌
유치원과 초등학교

근대 초등학교의 모습은 조선왕조의 마지막 실록인 《순종실록》에서도 찾아볼 수 있다. 순종 16년(1923) 3월 30일자에 "덕혜德惠 옹주가 심상소학교의 수업에 날마다 출석하므로 해당 교장 및 담임 교사에게 상품을 하사하였다"고 기록되어 있다. 당시에도 담임 제도가 있었음을 알려주는 공식적인 기록이다. 같은 해 6월 23일자에는 "일출소학교 보호자회에 일금 30원을 하사하였다. 덕혜 옹주가 재학하기 때문이다"라는 기록이 있어, '보호자회' 즉 학부형회가 존재했음도 알 수 있다.

그리고 순종 15년(1922) 3월 11일의 "경성 학교조합에 일금 400원을 하사하였다. 덕혜 옹주가 입학했기 때문이다"라는 기록을 통해 당시 '학교조합'이라는 단체가 있었음을 확인할 수 있다.

일출日出 심상소학교는 덕혜 옹주(1912~1989)가 고종의 3년상이 끝난 후인 1921년부터 1925년 일본으로 떠날 때까지 다닌 학교다. 1973년 폐교된 서울 일신日新 국민학교의 전신으로, 지금의 충무로3가 극동빌딩 자리에 있었다.

학교 이름에 당시 명칭인 '보통학교' 대신 일본식 '심상소학교'가 붙은 것은, 일본 학습원學習院의 경성부립으로 세워진 일본인 학교였기 때문이다. 그래서 일본인들이 모여살던 충무로에 있었고, 일본인 자녀들이 주로 다녔다. 조선총독부는 덕혜 옹주와 의왕(고종의 다섯째 아들)의 아들 등 왕족의 자녀들을 강제로 이 학교에 입학시켰다. 왕족을 일본인 학교에 다니게 함으로써 내선일체를 상징적으로 보여주기 위해서였다.

《삼천리》1939년 4월호에 의하면, 덕혜 옹주는 창덕궁에서 마차를 타고 궁중 유모, 나인들과 함께 학교를 다녔다. 이때 옹주가 기모노를 입고 학교에 다닌 것을 사진으로 확인할 수 있는데, 이 또한 총독부의 강요 때문이었을 것이다.

순종은 그런 여동생이 안쓰러웠는지, 일본 학생들 사이에서 외롭지 말라고 한고남, 민용아 등 또래 친구들을 함께 다니도록 했다.《순종실록》1922년 3월 30일자를 보면 "특별히 일출학교 생도 한고남韓考男, 민용아閔龍兒에게 장학금으로 각각 100원씩 하사하였다. 덕혜 옹주 학우이기 때문이다"라는 기록이 있다. 민용아의 집은 수표동 20번지였기 때문에, 일출심상소학교보다는 어의동보통학교가 가까웠지만 옹주를 위해 먼 거리를 통학한 것이다.

또 다른 학우 한고남이 누구의 딸인지 확인할 수 있는 기록은 아직 발견되지 않았다. 왕실과 가까운 한씨로는 당시 한성은행 전무였던 한상룡이 있는데, 그의 딸 중 덕혜 옹주와 연배가 비슷한 딸의 이름은 '효순'이다. 그러니 한고남의 아명이 '효순'일 가능성도 있다.

민용아는 명성황후의 조카이자 '황제의 밀사'였던 민영찬의 딸이다.

엘리자베스 키스, 〈민씨가의 규수〉, 동판화, 37×24cm, 1920년대 말~1930년대 초 추정, 개인 소장.

따라서 민용아는 명성황후의 종손녀(조카손녀)이고, 덕혜 옹주에게는 종질녀(외종사촌의 딸)가 된다. 여러 기록에 의하면, 민용아는 1912년생인 옹주보다 한두 살 많았던 것으로 보인다.

엘리자베스 키스는 《옛한국》에서, 그림 속 여인의 아버지가 "일본에 의해 시해된 명성황후의 친척으로, 프랑스에 파견되었던 마지막 외교관"이라고 밝혔다. 대한제국의 마지막 주 프랑스 공사는 민영찬이고 그에게 딸은 하나뿐이었으니, 이 여인이 바로 민용아다.

〈민씨 가의 규수〉의 주인공 민용아는, 덕수궁 안에 덕혜 옹주를 위한 유치원이 만들어진 1916년부터 1925년 옹주가 일본으로 떠날 때까지 10년 동안 함께 공부했다. 그리고 엘리자베스 키스는 이 그림을 그녀가 결혼하기 전에 그렸다. "훗날 그녀가 결혼하여 어린 딸을 하나 두었을 때 다시 만났다"는 《옛한국》의 기록을 통해 이를 확인할 수 있다. 따라서 키스는 그녀가 17~20세 초반이던 1920년대 후반에서 1930년대 초반에 이 판화를 제작한 것으로 보인다.

일본의 여성사 연구가 혼마 야스코本馬恭子가 쓴 《대한제국의 마지막 황녀, 덕혜 옹주》를 보면 "만 8세 된 덕혜는 매일 아침 7시 반에 일어나 어머니와 함께 세수를 하고, 낙선재로 가서 순종·윤비 부부에게 아침 문안을 드린 후 관물헌으로 돌아가 아침을 먹는다. 그 후 9시 반부터 한효순·민영안·이혜순 세 학우와 함께 스미나가·사사키 두 교사로부터 일본어·산수·작문·그림 등을 배우고, 점심을 마치고 나서는 효덕전에 가서 참배를 한다"는 대목이 있는데, 여기 등장하는 '민영안'이 엘리자베스 키스가 그린 '민용아'다.

순종은 1916년 4월 1일 이복동생인 덕혜 옹주를 위해 덕수궁에 유치

앞줄 왼쪽부터 민영찬의 딸 용아, 덕혜 옹주, 고종의 팔촌인 이재순의 손녀 해순. 뒷줄 왼쪽부터 한상룡의 딸 효순, 민영린의 손녀 덕임, 오른쪽 두 명은 옹주의 시녀. 사진 촬영은 1916~1918년에 이루어진 것으로 보인다.[16]

원을 설치하라는 명을 내렸고, 고종은 고명딸이 다니는 유치원을 견학하기도 했다. 그러나 순종이 덕혜 옹주를 위해 만든 '덕수궁유치원'이 우리나라 최초의 유치원은 아니다. 〈매일신보〉 1913년 3월 8일자를 보면, 경성여자고등보통학교 안의 교실 하나를 빌려 4월 1일부터 경성유치원을 개원한다는 기사가 실렸다.

이렇게 시작된 유치원은 1921년에 이르러 전국에 걸쳐 10개로 증가했다.[17] 그리고 1934년 5월 18일 〈조선일보〉 사설에서는, 조선일보 주최 '전 경성 유치원 연합 원유회'에 참가한 서울의 유치원 수가 24개,

궁중 유치원에서 오줌을 싼 덕혜 옹주와 친구들

1939년 4월에 발행된 《삼천리》의 대담 기사에 의하면, 당시 덕수궁유치원에서는 수공·노래·무용 등을 배웠다. (기자와 대담한 이는 이재순의 손녀 이해순이다.)

그때 함께 공부하던 분들은 몇이나 되나?
다섯쯤 됐을까, 오래된 일이라 다 잊었구려. 기억에 남은 건 민 백작의 손녀따님 덕임이, 한상룡 씨 따님, 민영찬 씨 따님, 나. 그밖에도 아마 한두 사람쯤 있었던 것 같아.

그때 배우긴 뭘 배웠지?
배우긴 뭘 배웠겠수. 유치원 비슷한 것이었으니까 지금 유치원 애들이 하는 것 같은 걸 했지. 수공두 하구 유희두 하구. 어쨌든 퍽 어렸으니까 공부를 하다가 오줌을 그냥 자리에서 질질 쌌다니까. 그래서 어떤 땐 옷 버리게 돼서 애기씨 옷을 빌려입구 나오군 했다니까.

아이 오줌싸개 노릇 하던 간난이가 벌써 애기 셋씩이나, 참 세월이 빠르군.
나만 쌌나, 다들 쌌지. 애기씨두 싸신걸. 지금 눈에 선해. 난 내가 쌀 땐 잘 모르겠던데, 애기씨가 오줌 싸실 때 그 울상을 하시며 싸시던 일이 지금두 생각하면 우스워 죽겠어.

참 재미있구려 그래. 애기씨의 그런 이야기 좀 많이 해줘요.
나이 어리시니까 오줌은 싸이었지만 벌써 높으신 이라 참 달라. 어리신 이가 내인內人들이 하라는 대루 꼭 하시었어. 애기씨 시녀들이 모두 여섯 분인데, 네 분은 어른이구 두 분은 각시 내인이라구. 해서 애기씨보다 몇 살 더 먹은 분들인데…… 그렇지. 남치마 스란치마를 철철 끄는 시녀들이 늘 애기씨를 따르면서 애기씨의 일거일동을 보살피지. 오줌을 누시려면 오줌을 뉘여디리구 코를 푸시려면 코를 풀어디리구 약을 대접해디리구.

약은 웬 약을?
보약도 잡수시구, 혹 감기 드시었다던가 체하시었다던가 하실 때면 약을 잡수시는데, 애기씨가 이렇게 약을 잡수시는 때면 우리두 공부를 다 그만두지. 그리군 약 잡수시는 걸 기다려서 다 잡수신 다음에 공부를 하지. 그런데 지금두 눈에 선하지만, 보약으로 뽀얀 생밤물을 잡수실 적엔 쓰다 달다 말씀 없이 고이 잡수시는데, 혹 약이 쓴 약이어서 잡수시기 어려운 것이고 보면 늘 잡수시길 싫어하시더군. 그래서 입가심으로 사탕을 잡수시게 하잖나. 그 사탕을 다 잡수시면 약 효과가 덜 날까 해서 조금만 하시고 뱉으시라면 뱉기 싫어하시던 일이 어제 일 같아.

원생 수는 1,500명이라고 했다. 평균적으로 유치원 한 곳에 약 65명의 어린이가 다니고 있었음을 알 수 있다.

덕혜 옹주를 보좌하던 상궁들의 증언에 의하면, 민용아는 덕혜 옹주를 부를 때 친척 호칭 대신 '복녕당 아기씨(복녕당 양 귀인의 딸)'의 줄임 호칭인 '아기씨'라고 부르며 10년 동안 유치원과 소학교를 함께 다녔다고 한다. 만약 덕혜 옹주가 강제로 일본으로 떠나지 않았다면 중학교도 함께 다녔을 것이다.

그렇게 친하게 지냈던 친척이자 친구였기에, 1962년 1월 27일 덕혜 옹주가 귀국할 때 공항으로 마중을 나갔다. 그러나 옹주는 기억상실증으로 어린 시절을 함께 보낸 민용아도, 유모도 알아보지 못했다. 그 후 옹주는 병상에서 오랜 세월을 보내다 1989년 4월 21일 한 많은 생을 마감했다.

10

서당이 사라진
진짜 이유

조선시대의 보편적 교육기관이었던 서당은 일제강점기에도 상당 기간 초등교육을 담당하는 학교로서의 역할을 수행했다. 민족의식이 강하거나 유교적 가풍이 엄격한 집안에서는 자식을 소학교가 아닌 서당에 보내거나 '과외선생'을 통해 사서삼경을 가르치고 삼강오륜의 덕목을 익히게 했다. 소학교에서는 일본어를 가르치면서 일본인으로 만드는 교육을 시킨다고 생각했기 때문이다.

소설가 월탄 박종화도 여섯 살 때인 1906년에 당시 초등교육 기관인 소학교가 아닌 서당에서 글을 배웠다면서, "이때 한문서당에는 늙은 학구學究가 정자관을 쓰고 서장대로 책을 짚어가며 서동書童들에게 《천자》《동몽선습》《계몽편》에서부터 사서삼경을 가르쳤다"고 회고했다.[18]

입학 연령이 된 학생들이 소학교에 가지 않고 서당에서 계속 공부하자, 1908년 일제의 통감부는 '서당 관리에 관한 건'을 반포해 서당에서 가르치는 방법과 교육 내용에 대한 개선(?)을 촉구했다. 물론 이것은 우리 민족의 교육 향상을 위해서가 아니라 일본어 보급을 위한 조치였기 때문에, 이를 지키는 서당은 거의 없었다.

조선총독부 통계연보에 의하면, 1911년에 16,540개였던 서당은 1918년 23,369개로 증가했고, 학생 수도 141,504명에서 260,975명으로 늘어났다. 서당 한 곳의 학생 수가 평균 10명 정도였다.

엘리자베스 키스가 1921년 판화로 제작한 〈원산서당의 훈장과 학생들〉에는 근대의 서당 훈장과 학생들의 모습이 잘 표현돼 있다. 이 작품에 보이는 학생의 수도 당시 평균 학생 수와 비슷한 8명이다. 멀리 눈 덮인 산이 보이는 원산의 한적한 시골 마을에서 훈장이 학생들을 데리고 외출하는 모습이다. 학생들의 다양한 머리 모양과 의관을 통해 당시 서당에 다양한 계층의 학생들이 다니고 있었음을 알 수 있다.

1910년대 중반 이후 우리나라에서는 가난한 농촌생활을 벗어나기 위해서는 글을 배워 도시로 가야 한다는 생각이 퍼지면서 교육열이 높아졌다. 그래서 서울뿐 아니라 전국적으로 보통학교에 입학하려는 학생 수가 늘어나기 시작했다.

공립 보통학교의 수가 1912년 328개에서 1918년 462개로 늘어났지만, 입학 적령기 학생을 다 받아들이기에는 턱없이 부족했다. 1920년대에 들어서면서 입학난은 더 심각해져, 서울의 경우 입학 경쟁률이 10대 1을 웃도는 학교도 있다는 신문 기사가 날 정도였다.

입학난을 어떻게 할까

신학년 입학 학생 수가 격증되어 시내 보통학교 응모에서는 11배가 초과되고, 중등학교에서는 25배가 응모되어 학교 경영자, 학부형, 학생들 모

엘리자베스 키스, 〈원산서당의 훈장과 학생들〉, 목판화, 35×24cm, 1921년, 송영달 소장.

두에게 고통이 된다는 것을 본지가 이미 보도하였다. 이러한 현상을 보고 원인을 연구할 때에 우리는 당국자의 책임을 묻지 않을 수 없다.

_〈동아일보〉 1922년 3월 26일

불안한 공기에 포위된 보통학교 선발시험, 10세 이상은 묻지 않고 낙방
경성 시내의 각 공립 보통학교에서는 당초에는 지난 24일 오전 10시에 일제히 신입 학생들의 선발시험을 보려고 하였으나 비바람이 심하여 어제 26일 오전 9시 30분으로 연기하였다는 사실을 이미 보도하였다.
어제 아침 보통학교마다 9시경에는 교문이 미어지게 들어오며, 아이들을 데리고 오는 학부형들은 자신의 자식들이 학교 갈 나이가 되어 처음으로 학교에 입학하게 되었으니 기쁜 표정이어야 당연하지만, 학부형들의 표정에는 입학을 할 수 있을지 없을지 몰라 불안이 가득하였다.
교동보통학교에는 9시가 되기도 전에 지원 아동과 학부형이 들어오기 시작하여 정각 9시 30분에는 수천 군중이 몰려들어 큰 혼란을 이루었다. 이 학교에서는 입학 학생 정원이 150명인데 지원 학생은 685명에 달하여 그중에서 535명은 그대로 비참히 돌아갈 것을 모르고 시험장인 강당에 모여 시험을 보았다. (……) 입학 성적은 이달 안으로 학교에서 당선된 학생들 집으로 통지하고 만약 통지가 없으면 입학치 못한 것으로 인정을 하라고 밝혔다.   _〈동아일보〉 1922년 3월 26일

보통학교 부족 현상은 학교 건축의 어려움 때문에 쉽게 해결될 기미가 보이지 않았다. 오전반과 오후반으로 나누는 2부제 수업도 실시하고, 입학 못하는 학생들을 위해 뜻있는 이가 '학습회'를 조직해서 2년

동안 가르칠 수 있도록 되어 있었지만, 먹고살기도 힘든 식민지 시대에 누가 그런 일에 나서겠는가. 학습회는 실효를 거두지 못했고, 학교에서는 "입학할 아동의 가정을 조사해서 부모가 무식하여 가정교육이 없는 아이는 입학을 거절"했다고 당시 언론은 보도했다. 가난하고 무식하면 초등교육도 받지 못하는 식민지 백성의 설움은 쉬이 끝나지 않았다.

보통학교 부족 현상은 시골일수록 심했다. 이에 교육열이 높은 마을에서는 서당을 개량해 사서삼경뿐 아니라 신식 교육도 함께 받을 수 있도록 했다. 이른바 '서당 개량 운동'이 시작되면서, 곧 사라질 것 같던 낡은 교육 제도 서당은 면모를 일신해 근대 초등교육의 한 축을 담당했다. 개량 서당은 한글로 된 사설 교과서를 사용하면서 민족의식을 고취했다.

한글 교과서를 사용하는 개량 서당이 늘어나자, 초등학교 조회시간에도 칼을 찬 선생이 훈시를 할 정도로 강도 높은 무단통치를 하던 총독부에서 가만있을 리 없었다. 1918년 2월 21일 '서당규칙(조선총독부 부령 제18호)'을 발표해 서당 교육에 대해서도 통제하기 시작했다.

일제는 먼저 서당의 개설을 허가제로 바꿨다. 학생 수도 30명을 초과하지 못하게 했고, 유교의 역사의식을 담고 있는 《동몽선습》은 가르치지 못하게 금지했다.

총독부는 훈령을 통해 서당에서도 시급히 일본어를 가르쳐야 한다면서, 공립 보통학교장이 서당을 시찰하고 개선책을 마련할 것이라고 예고했다. 아울러 서당에서 가르칠 수 있는 책을 16종류와 조선총독부 편찬 교과서로 한정하고, 판매 금지되었거나 사상적으로 불온한 책은 사용하지 못하도록 했다.

그러나 총독부의 각종 통제에도 불구하고 개량 서당의 수는 더욱 증가했다. 교육열이 고조되던 1920년대 신문에는 개량 서당 개설 기사가 계속해서 실렸다. "황해도 해주면 천도교회에서 개량 서당을 설립하고 보통학교 교과용 도서로 가르친다." "부산 원계동에서 개량 서당을 설립하였다." "개량 서당인 귀진강당歸眞講堂, 공립 보통학교와 거의 같은 수준으로 발전한다." "부산 목도에 개량 서당을 건축하였다." "황해도 해주군 미율면 천도교회 내 개량 서당 설립 사실을 알리고, 교인의 자제가 아니더라도 공부할 수 있다." ……

〈중외일보〉는 1928년 3월 14일자 기사에서 "조선 전체의 서당 수가 16,000 그리고 학생 수는 20만 명이 넘는다"고 밝혔다. 1911년에는 서당 한 곳의 학생 수가 평균 10명 정도였지만, 1928년에는 평균 12명 이상의 학생이 한 서당에 다녔다. 교육열이 높아졌음을 알 수 있는 대목이다.

당시 많은 개량 서당에서는 초등교육뿐 아니라 '조선 역사'와 같은 민족교육도 실시했다. 그러자 총독부는 1929년 6월 17일 '서당규칙 개정(조선총독부 부령 제55호)'을 발표해, 서당 설립을 도지사 인가제로 바꿨다. 사실상 서당을 더 이상 설립하지 못하게 한 것이다.

〈중외일보〉1929년 6월 24일자에는 '1,400여 서당을 정리·개선'이라는 제목으로 "평안남도 학무과에서는 지난 17일 개정 발표된 총독부 서당령에 의해 관내에 있는 1,400여 개의 서당을 정리·개선하기 위하여 각 시와 군에서 관리하던 것을 직접 도 학무과에서 관리하기로 결정했다. 동시에 교수 내용 및 교재 선택에도 일대 개선을 가하기 위하여,

서당을 새로 설립하려면 반드시 도지사의 인가를 받아야 한다고 발표했다"는 내용의 기사가 실렸다.

이때부터 민족주의적 색채가 보이거나 식민지 통치 정책에 방해가 되는 서당은 '규정 미비'라는 이유로 폐쇄하기 시작했다. '민족말살 정책'과 '동화 정책'이 더욱 혹독해졌고, 신문에는 이제 개량 서당이 개설되었다는 소식은 자취를 감추고 폐쇄되었다거나 허가 신청이 반려되었다는 기사가 늘어났다.

이런 총독부의 통제와 폐쇄 정책으로, 오랜 기간 교육기관의 전통을 이어오면서 근대의 초등교육과 민족교육의 중요한 축을 담당했던 서당은 1930년대 중반 이후 역사 속으로 사라져갔다.

11

동양척식주식회사는
각성하라!

 근대의 농촌을 소재로 한 소설들을 보면, 집안 식구들의 가난을 덜기 위해 논 세 마지기에 첩살이 가는 소녀가 등장한다. 조정래의 대하소설 《아리랑》에도 늙은 김 참봉이 가난한 과부 감골댁에게 매파를 보내, 논 세 마지기를 줄 테니 큰딸 보름이를 첩으로 달라고 했다가 거절당하자 다섯 마지기로 올리는 장면이 나온다. 물론 감골댁은 다시 거절하지만, 그 사실을 안 보름이는 심청이도 논 다섯 마지기에 팔려가 인당수에 몸을 던진 이야기를 떠올리며, 자기 한 몸 희생하면 온 가족의 배고픔이 끝난다는 생각에 밤새 고민한다. 그만큼 근대 농촌은 가난했고, 굶어죽는 경우도 허다했다.
 그렇다면 평생 첩살이를 하는 대가로 오갔던 논 세 마지기의 크기는 어느 정도고, 얼마만큼의 쌀을 수확할 수 있었을까?
 릴리언 밀러의 판화 〈조선의 가을 저녁〉은 논에서 하루 일과를 끝내고 집으로 돌아가는 일가족의 모습을 그리고 있다. 1960년대까지 우리나라 농촌 어디서나 볼 수 있던 추억 속의 풍경이다. 등에 나무를 잔뜩

릴리언 밀러, 〈조선의 가을 저녁〉, 다색목판, 22×43cm, 1928년, 가나아트 소장.

진 소를 끌고 가는 할아버지, 야트막한 언덕을 등지고 다양한 크기로 나누어진 작은 논들…….

  논 한 마지기는 쌀 한 가마니(80킬로그램)의 소출이 나는 면적을 말한다. 그런데 같은 논이라고 해도 농사가 잘되는 옥답도 있고 잘 안 되는 척답도 있다. 대개 쌀 한 가마니를 수확하려면 옥답은 150평, 척답은 300평 정도가 필요하다. 그래서 작은 논의 경우 3~7개를 한 마지기로 쳤다. 당시에는 쌀 세 가마니면 다섯 식구가 1년을 먹고살 수 있었기 때문에, 어린 딸을 늙은이에게 첩살이 보내는 대가가 보통 논 세 마지기였던 것이다.

밀러의 판화에 보이는 논의 수를 세어보면 20개가 조금 넘으니 대략 세 마지기라고 할 수 있다. 불과 이만큼의 논 때문에 딸을 늙은이에게 첩살이 보내야 했던 부모의 심정은 어땠을까? 그래서 '가난이 죄'라는 말이 생긴 것이리라.

농촌에서 이처럼 가난이 심화되고 대물림되는 가장 큰 이유에 대해 당시 언론들은 이구동성으로 소작 제도의 횡포를 들었다. 〈동아일보〉는 1922년 8월 2일자에서 다음과 같이 언급했다.

> 현재 소작 제도는 각 지방에 따라 다르지만, 대체로 보면 수확한 곡물의 반 이상의 소작료는 상례가 되고 그밖에도 지세, 비료대, 마름료, 소작료 두량斗量 과다, 수리세, 출포료 등을 일일이 정산하면 소작인의 소득은 0이 될 것이다. (……) 그런즉 오늘날 소작인의 생활상태는 비참한 경지에 빠졌다. 사람의 본연의 생존상에 하등의 보장이 없는 풍전등화 같은 그들의 운명은 자못 조만간에 고통과 타락에서 사멸하여갈 뿐이다.

소작인들의 문제가 동양척식주식회사가 확보한 농지에서 소작료를 지나치게 거두기 때문이라는 것이다. 조선총독부 통계자료에 의하면, 일제강점기에 동양척식주식회사의 농토에서 소작을 하는 조선 농민은 8만~15만에 이르렀다.

〈동아일보〉는 1922년 10월 29일과 31일 '동척은 각성하라'는 제목의 논설에서도 "토지는 농민의 생명이니, 동척은 제국주의의 시대착오적 정신을 조선에서 행하지 말라"면서 신랄하게 비판했다. 그러나 동양척식주식회사의 횡포는 그치지 않았고, 수많은 농민이 소작할 농토를 잃

릴리언 밀러, 〈조선의 어머니〉, 다색목판, 23×17.6cm, 1928년, 개인 소장.

고 만주와 연해주로 떠났다.

일제강점의 세월이 길어지는 만큼 일본인 소유의 논이 증가했다. 조선 농민들이 소작할 논이 줄면서 소작 경쟁이 심해지자, 지주들은 조선인 일본인 가리지 않고 소작료를 올리기 시작했다. 소작료를 내고 남은 곡식으로는 몇 달을 버티기 힘들었고, 지주에게 고리로 곡식을 빌리는 악순환이 이어졌다. 결국 소작을 하면 할수록 빚은 눈덩이처럼 늘어만 갔다. 더 이상 버틸 수 없다고 판단한 농민들은 소작료를 내려달라면서 투쟁을 시작했다.

1923~1924년에 있었던 전라남도 무안군(지금의 신안군) 암태도 소작쟁의가 당시 대표적인 농민투쟁이다. '암태도 소작쟁의'로 불리는 이 사건은, 대지주 문재철이 소작료를 7~8할로 올리자, 소작인들이 너무 심하다며 집단적으로 반발한 사건이다. 1천여 명이 시위에 참여했고 그중 90여 명이 구속되었지만, 여론의 악화를 이기지 못하고 결국 소작료를 내렸다.

그러나 소작료 상한에 대한 법이 없었다. 결국 지주의 횡포와 소작쟁의는 계속되었고, 〈조선일보〉는 1931년 1월 19일자에서 "총독부 발표에 의하면 소작쟁의는 1925년 204건, 1926년 198건, 1927년 275건, 1928년 247건, 1929년 433건이던 것이 1930년에는 4~9월의 6개월간 488건이었다. (……) 작년은 4월부터 9월까지 반년간으로 쟁의가 빈발치 않을 시기임에도 불구하고 이같이 크게 늘었으니 1개년간의 통계는 실로 미증유가 아닐까 한다"고 보도했다.

소작쟁의의 악순환 속에 빚이 점점 늘어 만주로 야반도주하는 소작인들이 늘어나자, 지주들은 연대보증제를 강화했다.

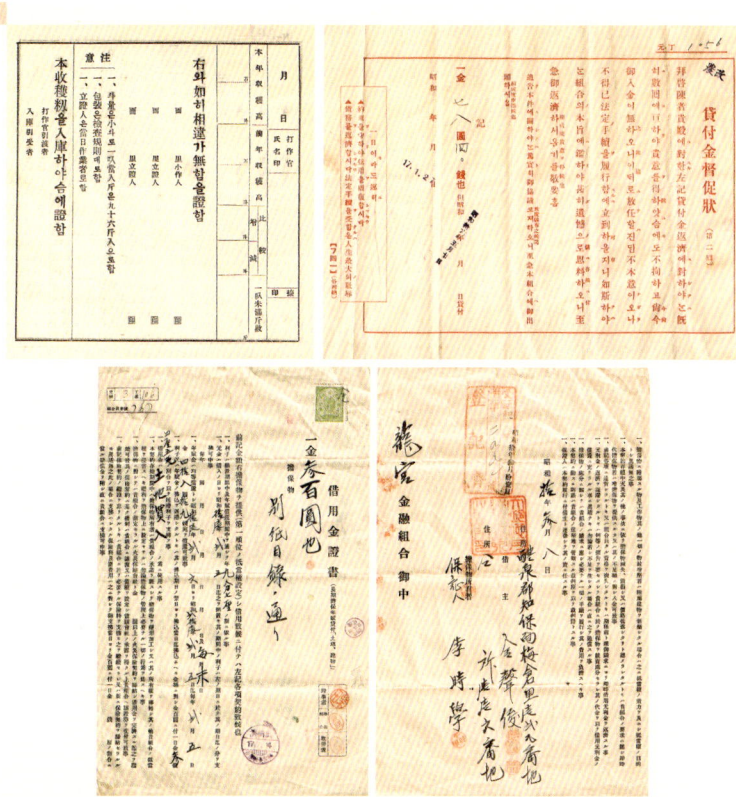

(위 원쪽부터) 일제강점기 소작료 접수증 양식, 당시 금융조합 대부금 78원(쌀 다섯 가마니 정도)에 대한 두 번째 독촉장, 아래 두 장은 금융조합 대출금 연대보증 서류.

소작인은 대개 몇 사람씩 서로 연대책임을 지고 보증인이 되지 않으면 안 되는 것이며, 그리고 또 그것은 흔히 같은 마을 사람들끼리가 아니면 안 되는 것이었다. (……) 지주가 한번 이러한 연대계약만 쥐고 있게 되면 설사 그 작인 중에 '불량'한 사람이 있어서 그 소작료를 잘라먹거나 또는 그밖의 다른 뜻하지 않은 일이 있어서 지주에게 손해가 미치게 된다 할지라도 지주는 조금도 걱정할 필요가 없이 베개를 높이 두고 편안히 누워 있을 수 있는 것이니, 대개 이러한 계약 앞에는 한 마을의 소작인들이 일시에 모조리 파산을 하거나 도망을 하거나 한다면 모르거니와, 그렇지 않고 만일 한 사람이라도 남아 있게 된다 하면 마침내 그 의무의 부담은 면치 못하게 될 것이었다.

_〈동아일보〉 1930년 3월 26일

조선총독부 통계에 의하면, 1920년대 우리나라 인구의 80퍼센트는 농민이었다. 전형적인 농촌사회였지만, 농민의 삶은 소작의 그늘에서 벗어나기 힘들었고 가난은 대물림되었다. 그래서 1920년대 중반부터 도시 지식인들에 의해 '농촌계몽운동'이 시작되었다. 농촌의 가난을 해결하기 위해서는, 농촌의 학생들이 학교를 가 배우고 깨우쳐서 좋은 직장에 들어가야 한다는 논리였다. 실제로 많은 농촌 젊은이가 도시로 떠났지만, 배운 게 없으니 단순 노동자 생활밖에 할 수 없던 시절이었다.

조선청년연합회 · 조선교육회 등 지식인단체, 조선노농총동맹 등 노동단체, 천도교청년회 · 조선중앙기독교청년회 등 종교단체들이 농촌계몽운동에 적극적으로 참가했다. 농촌 어린이들의 문맹 퇴치를 위해 야학을 열었고, 농민들에게는 강연회를 통해 계몽운동의 중요성을 설파했다. 심훈의 《상록수》와 이광수의 《흙》 등 문학작품에 당시의 상황이 잘 묘사되어 있다.

1929년에는 〈조선일보〉에서 '문자보급운동'이라는 이름으로, 1931년에는 〈동아일보〉가 '브나로드(vnarod, 민중 속으로) 운동'이라는 이름으로 계몽운동에 참가했다. 이렇게 농촌계몽운동이 점점 조직화되면서 전국적으로 퍼져나가자, 일제는 1935년에 〈조선일보〉와 〈동아일보〉의 계몽운동을 중단시켰고, 야학에 대한 감시와 통제를 강화하면서 계몽운동을 방해했다. 결국 농촌계몽운동은 일제의 탄압으로 1930년대 말 중단되고 말았다.

12

꽃 비단신을 누른
고무신 열풍

우리나라에 고무신, 운동화, 구두가 보급되기 시작한 건 1910년대 중반부터다. 그 전에는 남녀노소 구분 없이 짚신을 가장 많이 신고 다녔다. 하지만 권력이나 돈이 있는 사람들은 가죽에 천을 대 만든 '갖신'을 신었다. 남자들이 신는 갖신의 종류로는 태사혜太史鞋와 외코신이 있었고, 여자들은 신코에 구름무늬가 있는 운혜雲鞋, 당초문이라는 나뭇잎무늬가 있는 당혜唐鞋, 비단에 수를 놓아 만든 수혜繡鞋를 신었다.

이런 갖신을 만드는 장인을 요즘은 '화혜장(목이 긴 신발인 화靴와 목이 없는 신발인 혜鞋를 만드는 장인)'이라고 하지만, 조선시대에는 동물의 가죽을 다룬다고 해서 '갖바치'라고 불렀다.

조선시대에는 아무나 갖신을 신을 수 없었다. 남자의 경우 6품 이상의 고위 관료만 신을 수 있었다. 그러나 조선 말기에 사회가 혼란해지고 중인들이 상권을 장악하면서, 돈만 있으면 누구나 가죽신을 신을 수 있게 되었다. 근대에 들어와서는 신분 제도가 붕괴되면서 갖신의 수요가 더욱 증가했다.

엘리자베스 키스, 〈신발 만드는 장인들〉, 종이에 연필, 크기 미상, 1919~1920년 초 추정, 소장처 미상. "나무로 만든 나막신도 예쁘다. 한국의 어린이들은 비가 오는 날에는 굽이 높은 나막신을 신는다. 그림에 보이는 세 노인은 나막신을 만드는 이들이다. 그들의 작업은 빠르면서도 정확하다. 오른쪽 뒤 사람은 나무토막을 나막신을 만들 수 있는 크기로 대강 깎는다. 세 사람 중 나이가 가장 많은 이가 가장 기술이 좋아 마무리 작업을 한다. 이들은 신발을 만들면서도 담배를 피웠다. 그러나 긴 담뱃대를 가죽 끈으로 천장에 매단 담뱃대걸이에 걸어놓고 피웠다." _ 《옛한국》

근대의 종로 부근 사진을 보면 '혜전鞋廛'이라는 간판이 보인다. '화혜전'이 아니라 '혜전'이라고 했으니, 목이 없는 비단신을 파는 가게다.

1960년대부터 옛 장인들을 취재해 〈한국일보〉에 '인간문화재'라는 글을 연재했던 예용해(1929~1995) 논설위원은 '화장靴匠' 편에서, 근대의 비단신은 조선시대의 갓바치나 그 후손들이 만들었다고 밝혔다. 그들은 조선시대에 소 도살장이 있어 가죽을 구하기 쉽던 낙산 부근의 동촌(동소문 부근으로, 지금의 혜화동)에 모여살았고, '혜전' 주인이 건네주는 가죽과 재료를 받아 주문 생산을 했다고 한다. 이렇게 비단신을 만드는 가내수공업소는 약 100여 곳이 있었고, 설날 전에는 일하는 사람들이 밥을 제대로 먹을 수 없을 정도로 주문이 밀렸다고 한다.

엘리자베스 키스의 〈신발 만드는 장인들〉은, 나막신을 만들던 가내수공업 현장을 스케치한 연필그림이다. 그림 왼쪽 선반 위에 나막신이 보이고, 오른쪽 앞 장인이 작업을 하는 신발도 나막신이다. 속도감 있는 연필 묘사로 현장감을 생생하게 살린 키스의 스케치 실력이 놀랍다.

키스의 생생한 그림과 설명을 통해 당시 나막신 만드는 과정이 분업화되어 있었음을 알 수 있다. 이런 점에서 〈신발 만드는 장인들〉은 민속학적 가치도 큰 작품이다. 키스는 그림 설명에서 "요즘은 일본인들이 만들어 선보인 고무신이 대단히 인기다"라고 했다. 따라서 이 그림은 고무신이 보급되기 시작했고, 키스가 우리나라를 처음 방문해서 6개월 동안 머물렀던 1919~1920년 초에 그려진 것으로 추정된다.

나막신은 굽이 높아 비가 오거나 눈이 올 때 신으면 좋지만, 무게 때문에 활동하기가 불편해서 궂은 날이 아니면 대부분 신지 않았다. 그러나 가난한 양반은 날씨가 좋은 날에도 나막신을 신고 다녔는데, 양반 체

정종여, 〈오세창 선생 초상〉, 종이에 수묵담채, 113.5×48cm, 1948년, 국립현대미술관 소장.

면에 짚신을 신을 수 없었기 때문이다. 그래서 가난한 선비가 많이 살던 남산골 선비들을 '남산골 딸깍발이'라고 불렀고, 이는 훗날 이희승의 수필 〈딸깍발이〉의 소재가 되기도 했다.

엘리자베스 키스는 우리나라 비단신의 아름다움에 매혹된 화가였다. 그녀는 《옛한국》에서 "가죽 위에 비단을 덧댄 한국 여인들의 신발은 매우 아름다워 장식품이라고 해도 좋을 정도다", "가죽, 비단, 종이를 예쁘게 잘라 붙여서 만든 여자 신발은 모자이크 같다. 장인들이 신발을 만드는 기술은 매우 완벽하다"면서 비단신을 극찬했다.

키스는 이렇게 우리나라의 비단신을 사랑해서, 한국인들의 모습을 그릴 때 신발을 아주 세밀하게 표현했다. 어린 시절을 덕혜 옹주와 함께 보낸 민용아를 그릴 때는 운혜의 아름다움을 나타내고 싶다면서 방 안임에도 불구하고 운혜를 신고 포즈를 취하게 했고, 신랑을 기다리는 신부의 모습을 그린 〈신부〉에서는 비단신을 방석 옆에 가지런히 보이게 그렸다.

비단신은 만드는 과정이 쉽지 않고 시간도 오래 걸린다. 필요한 작업 도구도 약 25가지나 된다. 쌀가루로 풀 만들기를 시작으로 공단 자르기와 마름질, 안쪽 가죽 자르기와 붙이기, 코실 꿰기와 도리 치기, 신창 만들기, 안창 다듬기 등 작업 과정이 생각보다 어렵고 복잡하다. 방 안으로 바람이 들어오면 신발 바탕이 말라 '본새(모양)'가 나지 않기 때문에, 작업할 동안에는 방문을 닫아야 하고, 작업을 잠시 멈출 때는 신발을 오지항아리 속에 넣고 뚜껑은 마대에 물을 축여 덮었다고 한다.

과정이 이렇듯 복잡하고 까다롭다 보니, 비단신 하나 만드는 데 대략

엘리자베스 키스의 그림 중 비단신 부분이다. 위 왼쪽부터 〈신부〉, 〈두 명의 한국 아이들〉의 부분도. 아래 왼쪽은 〈초파일에 산책 나온 아이〉 부분도, 오른쪽은 무형문화재 화혜장 황해봉 선생이 제작한 꽃신이다.

보름이 소요되었고, 가격도 비싸 쌀 한 가마니 값이었다고 한다. 1910년 〈매일신보〉에 실린 '박덕유 양화점'의 광고를 보면, 구두 값이 쌀 한 가마니였다. 당시는 5인 가족이 쌀 한 가마니로 서너 달을 살던 시절이었으니, 결코 작은 돈이 아니었다.

시골에서는 값비싼 비단신은 구경조차 하기 힘들었다. 시골 소녀들에게는 오빠가 서울 가서 돈 벌어야 사올 수 있는 '꿈의 신발'이었다. 그런데 값이 이처럼 비싸도 비단신은 수요가 날로 증가했다. 어린 소녀들의 가슴을 설레게 할 만큼 예쁘고 아름다웠기 때문이다.

키스는 비단신만 잘 표현한 게 아니다. 함흥 길거리에서 수다를 떠는 여인네, 장기 두는 노인과 나무를 한 짐 한 후 지게에 올려놓고 쉬는 사람의 모습을 그린 〈필동이〉에서는 짚신을 섬세하게 그렸고, 내시와 구

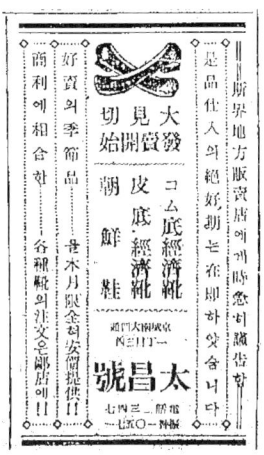

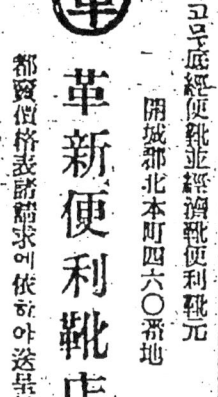
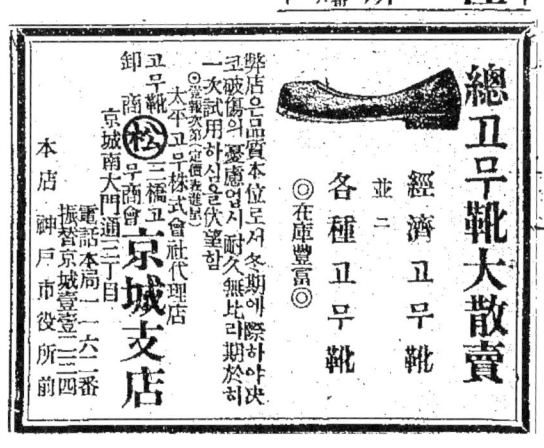

일제강점기 신문을 장식한 고무신 광고들.

한말 궁중 관료들을 그릴 때는 목이 긴 신발(목혜木鞋)을 신은 모습도 생생하게 남겼다.

우리나라에 고무신이 처음 등장한 건 1910년대 중반이었는데, 일본에서 만든 제품이었다. 처음에는 투박한 배 모양의 고무신이 들어와 인기가 없었으나, 몇 년 후 사람들의 눈에 익은 비단신 모양의 고무신이 나오면서 수요가 늘기 시작했다.

고무신이 인기를 끌자 고무신 공장이 우후죽순처럼 생겨났는데, 1923년에는 서울뿐 아니라 각 지방에도 생겨 그 수가 스무 곳에 달했다. 그런 공장들 사이에 가격경쟁이 붙어 몇 년 사이 고무신 값은 반으로 떨어졌고, 그러면서 도시뿐 아니라 시골에까지 널리 보급되었다.

1930년대에 이르러 비단신과 나막신은 결국 역사 속으로 사라졌다. 일본이 전쟁의 광풍에 휘말린 1938년 이후 물자 부족으로 고무신 생산이 원활치 못해 품귀현상을 빚자 다시 나막신 착용을 장려하는 분위기가 있었지만, 그것도 잠깐뿐이었다. 비단신은 현재 무형문화재로 지정된 장인들에 의해 그 명맥을 이어가면서 전통 혼례와 돌 선물로 사용될 뿐이다.

13

조선왕조 궁중음악의
수난과 보존

조선왕조의 궁중음악은 삼국시대와 고려시대에 뿌리를 두고 있다. 신라의 〈처용무〉가 조선시대 궁중에서도 공연된 것이 그 대표적인 예다. 그러나 세종대왕 29년(1447)에 궁중 회례연에 사용하기 위한 조선만의 곡을 창작했고, 세조 10년(1464) 제사에 적합하게 고친 후 지금까지 제례악으로 전승되고 있다. 제례악은 기악 연주에 노래와 춤이 어우러진 궁중음악의 정수다.

아, 종묘에서 제례악을 연주하니 마치 덕음德音이 귀에 쟁쟁하게 들리는 듯하구나. _《고종실록》1900년 2월 19일

조선왕조의 악공들은 장악원掌樂院에 소속되어 종묘뿐 아니라 선농, 선잠 등 크고 작은 제사에 참석해서 제례악을 연주했다. '제례악祭禮樂'이라고 부르는 이유는, 조선시대 역대 왕과 왕비의 신위를 모신 사당(종묘)에서 제사(종묘제례)를 지낼 때 연주하는 음악이기 때문이다. 조선의

궁중음악은 이 제례악을 중심으로 오랜 세월 이어져왔다.

조선왕조의 장악원은 대한제국을 선포한 광무 원년(1897)에 교방사敎坊司로 이름이 바뀌었고, 제조를 비롯한 악공·악생이 772명으로 대폭 늘었다. 국호가 '대한제국'으로 바뀌면서 고종이 황제에 오르고 궁중 의식의 규모와 행사 빈도가 증가했기 때문이다. 그러나 고종이 강제 폐위된 뒤에는 '장악과'로 축소되면서 인원도 305명으로 줄었다. 일제의 간섭이 심해지면서 궁중 연회 등 자체 행사가 줄었기 때문이다.

1910년 일본이 강제로 대한제국을 병합한 후 궁중음악은 더욱 험난한 수난을 겪는다. 장악원(장악과)이 사라져, 305명의 궁중악사들은 뿔뿔이 흩어지고 말았다. 그러나 고종과 순종이 종묘제례를 위해 장악과를 유지해야 한다고 강력하게 주장하자, 일제는 대신 '이왕직아악부李王職雅樂部'라는 기구를 만들었다.

아악雅樂이라는 말은 '정아正雅한 음악'이라는 뜻으로 고려시대부터 사용되었고, 궁궐 밖에서 연주하는 속악(俗樂, 민속악)에 대비해서 궁중음악을 총칭해왔다. 그러나 일제는 이왕직아악부에 최소한의 인원만 허용했다. 그 결과 악공의 수는 1910년에 105명, 원구단·사직단·선농단의 제향祭享을 폐지한 1915년에는 57명으로 대폭 줄었다. 57명은 종묘제례악 연주에 필요한 최소한의 인원도 안 되는 수였다.

종묘제례 의식에는 각 절차마다 〈보태평保太平〉과 〈정대업定大業〉을 중심으로 여러 음악을 연주한다. 동시에 〈종묘악장宗廟樂章〉이라는 노래를 부르며 보태평지무(保太平之舞, 선왕들의 문덕을 칭송)와 정대업지무(定大業之舞, 선왕들의 무공을 찬양)라는 일무(佾舞, 여러 사람이 여러 줄로 벌여서서 추는 춤)를 추기 때문에, 인원이 많이 필요하다.

엘리자베스 키스, 〈궁중악사〉, 동판화, 27.3×40.6cm, 1938년, 개인 소장.

나라가 어려운 때일수록 민초들의 노력은 처절한 법, 장악원에서 잔뼈가 굵은 '조선의 마지막 악공'들은 턱없이 부족한 인원으로 궁중음악을 지키기 위해 필사적으로 노력했다. 우선 1919년에 3~5년 과정의 '아악부원 양성소'를 설치해 악생을 모집했다. 인원을 안정적으로 확충하면서 궁중음악을 계승하기 위해서였다.

당시 재학생들의 증언에 의하면, 이왕직아악부에서는 재능 있는 악생들을 입학시키기 위해 운니동 청사에서 숙식을 제공하고 수당으로 월 15원을 지급했다. 당시 쌀 한 가마니가 7원이었으니 적지 않은 돈이었

엘리자베스 키스, 〈좌고 연주자〉, 동판화, 23.3×21.6cm, 1938년, 송영달 소장.

다. 그리고 재학 기간에도 공부를 열심히 하라고 수석 졸업 30원, 그 다음 27원, 25원의 졸업 상금도 마련했다. 이때 입학한 악생들이 졸업 후 이왕직아악부에 남아 계속 연주생활을 했고, 광복 후에는 우리나라 국악을 이끌었다.

엘리자베스 키스는 1930년대 초반 우리나라를 방문했을 때, 〈궁중악사〉〈좌고 연주자〉〈대금 연주자〉를 그린 후 1938년 동판화로 제작했다. 그녀는《옛한국》에서, 세 그림에 등장하는 악사들이 "이왕직아악부 소속 악사 member of the Korean Court School of Music"들이라고 밝혔다. 거문

엘리자베스 키스, 〈대금 연주자〉, 동판화, 23×22cm, 1938년, 송영달 소장.

고를 타고 피리를 부는 두 악사는 50~60세 정도 되어 보이니, 1870~1880년에 태어났을 것이다. 그야말로 '조선의 마지막 궁중악사'다.

1926년 아악부원 양성소에 입학해서 1931년 졸업한 후 평생 국악인의 길을 걸은 성경린(1911~2008, 인간문화재)은 당시 이왕직아악부의 활동에 대해 "1년에 네 번, 즉 종묘제례악 연주와 봄·가을 문묘제례악 연주가 주업무였다. 1~2년에 한 번 영친왕 내외분이 귀국하면 인정전 전각 안에서 연주하는 일, 그리고 내빈이 있으면 일소당佾韶堂에서 연주하는 일이 연주활동의 전부였다"고 언론과의 인터뷰에서 회고했다.

이왕직아악부는 1928년부터 한 달에 한 번 중앙방송국에 출연해서 연주를 했다. 1932년부터는 연주실력을 향상시키기 위해 정기적으로 내부 공연도 개최했는데, 이를 '이습회肄習會'라고 불렀다. 1945년까지 150회를 진행한 이 공연은 관공서 직원과 그 가족에 한해 총독부의 허가를 받은 사람만 관람할 수 있었다. 조선인들이 조선왕조의 궁중음악을 듣다가 집단행동이라도 하게 될까 봐 우려했기 때문일 것이다. 그래서였을까, 일제강점기 이왕직아악부가 외부에서 공연한 건 1938년 10월 8일 경성부민관(지금의 서울시의회 건물)에서 딱 한 번뿐이었다.

이왕직아악부 첫 공연, 2천 청중 무아경

천년 전 문화를 그대로 재연하여 듣는 자로 하여금 알지 못하는 사이에 애원의 선경에 방황하게 하면서 새삼스럽게 지난날 문화의 부富를 재인식하게 만들어주었다.

최고 수준의 청중들과 검은 사모에 붉은 띠를 달고 붉은색의 도포에 위엄을 정제한 악사들이 그 위치와 그 악기들을 가지고 1,300년 전 신라시대 음악인 〈봉황금〉을 연주할 때는 청중의 혼을 움켜가듯 감동을 주었다. 〈만년장탄지곡〉에는 노래와 악기가 굽이굽이 신비를 전해주는 것 같았다. 〈염양춘〉의 부드러운 곡조가 흘렀고, 〈유초신지곡〉은 멀리 창공에서 들려오는 듯 은은했고, 〈장춘불로지곡〉은 14인의 합주가 별천지를 거니는 듯한 느낌을 주었다.

옛날 선인들과 소리로써 역사를 초월해 교류했고, 1,300년 전 〈처용무〉를 중심한 〈수제천〉은 관현 합주로 음악연주회를 최고의 분위기로 만든 후 섭섭한 듯 막을 내렸다.   _〈동아일보〉 1938년 10월 7일

그러나 이왕직아악부는 가끔씩 총독관저의 연회에 불려가 연주를 해야 했다. 〈매일신보〉 1938년 4월 17일자에는, 총독관저에서 이탈리아 사절단 환영만찬이 열리는데 이왕직아악부가 공연을 한다는 기사가 실렸다. 같은 해 10월 30일에는 용산 육군병원을 방문해서 전상자 위문공연을 했다는 기사도 있다. 식민치하였기에 당할 수밖에 없었던 궁중음악의 수모였다. 아니, 궁중음악의 계보를 잇기 위한 '눈물겨운 굴욕'이었다.

이런 열악한 환경 속에서도 궁중악사 출신 선생들은 학생들을 시켜 조선왕조의 제례악을 오선보로 채보하고 악보로 만들게 했다. 연주하는 악기의 수와 악공 수가 계속 줄어드는 상황에서 자신들이 그대로 세상을 떠나면 궁중음악의 맥이 끊어질지도 모른다는 염려 때문이었다.

조선왕조 500년의 전통이 배어 있는 궁중음악과 종묘제례악은 이런 궁중악사들의 피눈물 나는 노력으로 일제강점기에도 보존·계승되었다. 그들의 수고가 있었기에 종묘제례악은 2001년에 유네스코 인류무형문화유산에 등재될 수 있었다.

14

조선의 도공이여,
고려청자의 비색을 재현하라

    1876년(고종13) 조선과 일본 사이에 체결된 조일수호조약(강화도조약, 병자수호조약)으로 부산·원산·제물포 세 항구가 개방되자, 많은 일본인이 조선으로 들어왔다. 일본 상인들은 조일조약에서 보장한 무관세 특권을 이용해, 일본 상품뿐 아니라 유럽과 미국의 '개화 상품'을 중계무역 형식으로 조선 사람들에게 팔았다. 그리고 조선에서 물건을 팔아 번 돈으로 쌀과 인삼을 싸게 구입해서 일본으로 보냈다. 당시 일본 무역상들에게 조선은 관세도 세금도 없는 '황금알을 낳는 거위'였다.

    조선의 특산물인 인삼이 일본에서 인기를 끌자, 인삼무역을 하려는 일본인들이 개성으로 몰려들었다. 그런데 개성에서 인삼밭을 찾아다니던 일본 상인들 중 눈 밝은 사람이 우연히 고려청자를 발견했던 모양이다. 그가 일본으로 인삼을 갖고 가면서 비취색 도자기를 함께 들고 갔다. 그것을 본 일본 골동품상들은 눈이 휘둥그레졌다. 고려청자는 이렇게 세계에 모습을 드러냈다. 일본 골동품계에서는 이 시기를 1880년경으로 보고 있다.

이후 일본 골동품상들이 현해탄을 건너 개성으로 몰려들었다. 그러나 이들은 개성 어디에서도 청자를 파는 가게나 상인을 만날 수 없었다. 조선시대에는 청자를 만들지 않았기 때문이다. 고려시대에 만들어진 청자는 대부분 무덤 속에 부장품으로 묻혀 있었으니, 고려청자의 존재를 아는 사람이 드문 건 당연했다.

개성에 고려시대 임금과 왕족 그리고 무신정권 시대 실력자들의 무덤이 있다는 사실을 알게 된 일본 골동품상들은 일본으로 돌아가 도굴꾼을 데려왔고, 이때부터 본격적으로 고려청자가 지상으로 나오기 시작했다. 도굴된 고려청자의 값은 하루가 다르게 치솟았다. 좀 좋다 싶으면 기와집 한 채 값을 호가했다.

'문화재 수호신'으로 불리는 간송 전형필은 '청자상감운학문매병(국보 제68호)'을 구입하기 위해 1935년 기와집 스무 채 값을 지불했다. 간송이 구입한 지 얼마 지나지 않아 일본인 대수장가 무라카미가 두 배를 주겠다고 제의했지만 일언지하에 거절했다는 일화를 통해 당시 고려청자 가격이 어떠했는지를 짐작할 수 있다.

고려청자의 존재와 아름다움이 골동품 애호가들뿐 아니라 일반인들에게도 알려지기 시작했지만, 값이 너무 비싸 보통사람들에게는 그야말로 '그림의 떡'이었다. 고려청자가 이렇게 인기를 끌자 고려청자 수집가 도미타 기사쿠(富田儀作, 1858~1930)는 진남포에 '삼화고려소'를 만들고, 1908년부터 자신이 수집한 고려청자를 모델로 재현 청자를 만들어 일본으로 보냈다. 그는 재현 청자를 만들 도공을 일본에서 데리고 왔는데, 그 당시 조선에는 청자를 만들 줄 아는 도공이 없었기 때문이다.

우리나라 도공들은 경기도 광주 분원리의 관요나 지방의 민요(민간인

폴 자쿨레, 〈도공〉, 다색목판, 39.3×30.0cm, 1940년, 개인 소장.

에 의해 운영되던 도자기 제작소)에서 주로 백자를 만들었다. 이들은 대부분 고려청자의 존재를 몰랐고 따라서 어떻게 생겼는지, 어떻게 만드는지도 알지 못했다.

고려청자 제작법은 오히려 일본에서 희미하게나마 전해내려왔다. 임진왜란 때 일본으로 끌려간 도공의 후예들이 '일본식 청자'를 만들고 있었던 것이다. 그래서 일본인들이 먼저 고려청자의 진가를 알아본 것이고, 재현 청자도 일본에서 더 인기를 끌었다. 기술자가 일본인이고 시장도 일본임에도 불구하고 일본 자본가들이 우리나라에 공장을 세운 이유는, 청자를 만들 수 있는 흙이 우리나라에 훨씬 많았기 때문이었다.

일본인들이 재현 청자를 만들기 시작할 즈음, 대한제국 정부도 1907년부터 관립 공업전습소에 2년 과정의 도기과를 설치해 학생을 모집했다. 나라를 빼앗긴 후에는 이왕직미술품제작소에 도자부를 설치했고, 1908년에 설립된 이왕직박물관에 소장된 고려청자의 재현품을 만들어 판매하기 시작했다. 도기과 졸업생들과 조선시대 경기도 광주의 관요에서 일하던 도공들이 만든 청자였다. 아직은 유약을 어떻게 배합해야 고려청자의 고유색인 비색翡色이 만들어지는지 몰라 색이 탁했다. 하지만 고려청자의 재현에 관심 있는 젊은 도공이 하나둘 나타나기 시작하는 계기가 되었다.

당시 고려청자 재현에 가장 열성을 보인 이는 해강海剛 유근형(柳根瀅, 1894~1993)이다. 그는 열여덟 살이던 1911년 일본인이 운영하는 한양고려소漢陽高麗燒에 취직했다. 당시 일본인 공장에서는 조선인들에게는 기술을 가르치지 않고 단순 작업만 시켰다. 그러나 유근형은 도자기를 칼로 파내 무늬를 만드는 상감 작업을 하면서도 일본인 기술자의 유약 배합을 곁눈질로 익히는 등 고려청자 재현에 남다른 관심과 노력을 기울였다.

청자 재현의 기초를 습득한 유근형은 일본인 공장을 나온 후 경기도 분원의 사기장 출신인 김완배를 찾아 그가 은거하고 있던 강원도 양구로 갔다. 그에게 유약 제조법의 기본을 배운 유근형은 청자 제작에 좋은 태토胎土를 찾기 위해 황해도 봉산 관정리와 함경북도 생기령 등에서 흙을 구웠다. 또 청자 유약의 비법을 알아내기 위해, 고려시대 때 청자 가마터를 수소문해서 강진을 비롯 전국의 옛 가마터를 답사했다. 유근형은 훗날 쓴 자서전에서 당시의 어려움을 이렇게 회상했다.

한양고려소를 그만둔 후 다섯 번째 겨울이 지났다. 그동안 고적지며 가마자리며 흙을 찾아다녔던 일들이 온통 고려청자 하나를 위한 것이려니 생각하니 더 기다릴 필요가 없었다. 이제 그만치 다니며 참고자료를 수집하였으니 실제로 만들어야 한다는 결심이 나를 더욱 부추기었다.
서울에서 제일 가까운 장소를 물색하던 중 수원 오목내에 두 군데 칠기공장이 있다는 말을 듣고 조덕수의 공장을 찾아갔다.
"그래, 당신이 이곳에 온 목적이 무엇이오?"
"내가 이곳에 온 건 오로지 도자기를 연구하기 위해서요."
"도자기 연구라? 대관절 무슨 도자기를 연구한다는 거요?"
"고려 때 그릇이오."
"고려 때라? 그래, 그게 어떻게 생긴 것이오?"
"형태도 여러 가지지만 그 파리께리한 색이 참으로 아름답소. 그것이 바로 고려청자라는 거요."

"고려청자? 난 그런 말부터 처음 듣소. 그래, 어디 고려청자를 만드는 곳이라도 있소?"

"만들긴 어디서 만들어요?"

"그러면 만드는 곳도 없다면서, 그걸 어떻게 알았소?"

"그릇은 박물관에서 보았고, 자세한 것은 역사책에서 보고 알았소."

"그래, 만들 만한 자신이 있소?"

"네, 있지요."

"그걸 만든다면 하루이틀엔 안 되고 여러 날 될 텐데."

"그러기에 5년이고 10년이고 노력을 해야죠."

_《고려청자, 청자도골 해강 유근형 자서전》, 도서출판 오른사

유근형은 수원에서 실패를 거듭하다 왕실도자기 가마터가 있던 여주 오금실로 떠났다. 그는 그곳에서도 실패를 거듭했지만 유약과 태토의 비법을 어느 정도 찾아냈다. 그러고는 일본인 공장에 들어간 지 10년, 고려청자 재현 노력 5년 만에 마침내 청자 복원에 성공했다. 그러나 그 성공은 시작일 뿐, 고려청자 특유의 비색을 완벽하게 재현하기 위해서는 좋은 흙이 필요했다. 그는 또 흙을 찾아 이천, 수원, 강진 등 전국을 누볐다. 물론 흙만으로 비색이 완성되지는 않았다. 무엇보다 중요한 것은 가마의 불 온도였다. 유근형은 비색을 내는 온도를 알아내기 위해 뜨거운 가마에서 살다시피 했다.

유근형은 "그동안 깨뜨려버린 작품만도 엄청났다. 그러나 마음먹은 대로 된 작품은 하나도 없었다"고 회상했다. 그는 1928년 일본 벳푸시

일제강점기에 청자를 재현하는 도공을 찍은 사진이다. 당시 작업 환경 등을 엿볼 수 있다.

박람회에 운학무늬 매병, 포도무늬 주전자, 이중투각 항아리 등 세 점을 출품해 금상을 수상했다. 짧지 않은 세월 각고의 노력이 비로소 보상받는 순간이었다.

유근형의 성공은 도공들에게 자신감을 불어넣었고, 이후 조선미술전람회 공예 부문에 청자를 출품해서 입상하는 도공들이 나타났다. '청자해태향로'를 출품한 김완배(제13회), '청자상감화병'을 출품한 이윤규(제18회) 등이 고려청자 복원에 뜻을 둔 도공들로, 이들은 유근형과 함께 고려청자의 비색을 완성시키기 위해 매진했다.

조선시대에 맥이 끊겼던 고려청자는 이렇게 근대 도공들의 노력과 시행착오 끝에 복원되어, 고려청자 특유의 비색이 다시 빛을 발했다.

 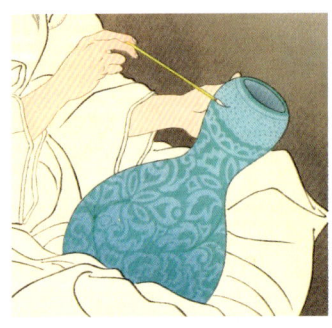

왼쪽은 국보 제116호인 청자상감 모란문 표주박 모양 병(국립중앙박물관 소장)이고, 오른쪽은 폴 자쿨레의 목판화 〈도공〉의 도자기 부분이다.

 우리나라 근대 도공의 모습을 작품으로 남긴 프랑스 출신 화가 폴 자쿨레Paul Jacoulet는, 일본에 거주하면서 어머니가 있는 서울을 오가며 우리나라 소재 작품을 판화로 만들었는데, 〈도공〉은 '일하는 사람' 시리즈의 한 점이다.
 〈도공〉은 근대 우리나라 도공의 청자 재현 작업을 보여주는 유일한 작품으로, 한복을 깨끗하게 차려입은 모습과 탕건 아래 날카로운 눈빛은 청자를 복원하려는 치열한 '장인정신'을 보여주기에 부족함이 없다.
 이 작품에서 보이는 고려청자는 표주박 모양으로, 고려시대에 제작된 청자의 가장 일반적인 형태다. 표주박 모양의 고려청자는 대부분 주전자다. 자쿨레의 작품에서 단순하게 표주박 모양만 그리고 주전자의 손잡이와 주둥이를 생략한 것은, 고려청자를 이해하지 못하는 서양인들을 위해 단순명료하게 표현하고자 한 화가의 판단이었을 것이다.

그런데 자쿨레 판화의 도자기에서 푸른색이 보이는 건 청자 제작 과정에 비춰볼 때 맞지 않다. 판화에서 보이는 상태는 초벌구이 전인데, 그때는 도자기에 푸른빛이 돌지 않는다. 도자기에 푸른색이 나타나는 건 유약이 착색되는 재벌구이가 끝난 후인데, 그때는 이미 색이 나왔기 때문에 판화에서처럼 안료를 칠할 필요가 없다. 자쿨레는 아마도 청자에 고유한 비색의 아름다움을 강조하기 위해 가상의 푸른색을 표현한 것 같다.

판화에 나타난 청자의 무늬는 고려청자에서 많이 보이는 모란당초문이다. 이로써 당시 청자 제작이 고려청자의 전통적인 모양과 무늬를 충실하게 재현했음을 알 수 있다. 그러나 일본인이 운영하는 청자 재현 공장에서는 고려청자의 모양이나 무늬가 아니라 일본인들이 좋아하는 꽃병 형태에 봉황이나 작약 같은 크고 화려한 무늬를 그려넣는 '일본식 청자'를 많이 만들었다. 바로 이 점이 조선 도공과 일본 도공의 다른 점이었다.

폴 자쿨레와 양녀 나성순

1896년 프랑스 파리에서 태어난 자쿨레는 세 살 때 아버지가 도쿄 외국어대학에 교수로 부임하면서 가족과 함께 일본으로 이주했다. 25세 때인 1921년 아버지가 세상을 떠났고, 32세 때 어머니가 경성제대에 재직 중이던 일본인 의학박사와 재혼하면서 거처를 서울로 옮겼다. 그러나 그는 일본에 남아 작품활동을 했는데, 어머니를 만나러 자주 서울을 오가면서 우리나라 사람들의 삶의 모습을 판화로 만들었다. 그는 우리나라를 소재로 36점 이상의 다색목판화와 100점 이상의 수채화와 드로잉을 남겼다.

자쿨레는 1931년 일본에서 야간학교에 다니던 전남 영암 출신의 나영환을 조수로 맞아 작업했는데, 그러면서 우리나라에 대한 이해가 더욱 각별해졌다. 그래서인지 그의 한국 소재 작품에는 서민들의 삶이 많이 담겨 있다. 1934년 서울 미쓰코시 백화점(지금의 신세계백화점 자리)에서 '폴 자쿨레 판화전'을 개최했고, 1939년에는 조수 나영환의 동생 용환 역시 조수로 맞았으며, 1949년에는 나영환의 딸을 입양해 조수들과 한가족을 이루었다.

자쿨레는 1960년 당뇨합병증으로 세상을 떠나면서 자신의 모든 작품에 대한 소유권을 양녀 나성순에게 물려주었고, 금속공예가로 성장한 나성순은 2005년 12월 162점의 자쿨레 전작 판화를 국립중앙박물관에 기증했다.

1952년 스케치를 하러 나선 자쿨레의 모습.

15

근대에 가장 인기 있었던
관광지는?

근대에 우리나라를 방문한 외국인 여행자들에게 가장 인기 있는 관광지는 금강산이었다.

1889년 캠벨 주한 영국 부영사는 9월과 10월 두 달에 걸쳐 북한의 주요 도시와 중국과의 국경지역을 여행(혹은 정탐)하면서 백두산과 금강산을 다녀왔다. 그는 이때 약 25점의 사진을 찍었는데, 금강산 사진으로는 온정리 입구, 장안사에서 본 금강산 전경과 계곡, 표훈사와 주지스님, 내금강의 사자암 등 5점이 전하고 있다.

1894년 우리나라에 온 이사벨라 비숍과 안내 겸 통역을 한 F. S. 밀러 선교사도 금강산을 여행했다. 두 사람은 장안사에 묵었는데, 새벽 예불을 비롯한 스님들의 절제된 생활방식에 놀라움을 금치 못했고, 대웅전과 금동불 등을 살펴본 후 사찰 건축의 아름다움에 감동했으며, 표훈사·정양사·유점사·구룡폭포를 구경했다는 기록을 남겼다.

영국 기자 해밀턴도 1903년 금강산을 방문한 후 《오리엔틀 시리즈, 조선의 역사와 사람들》을 출판했다. 그는 이 책에서, 말을 타고 단발령

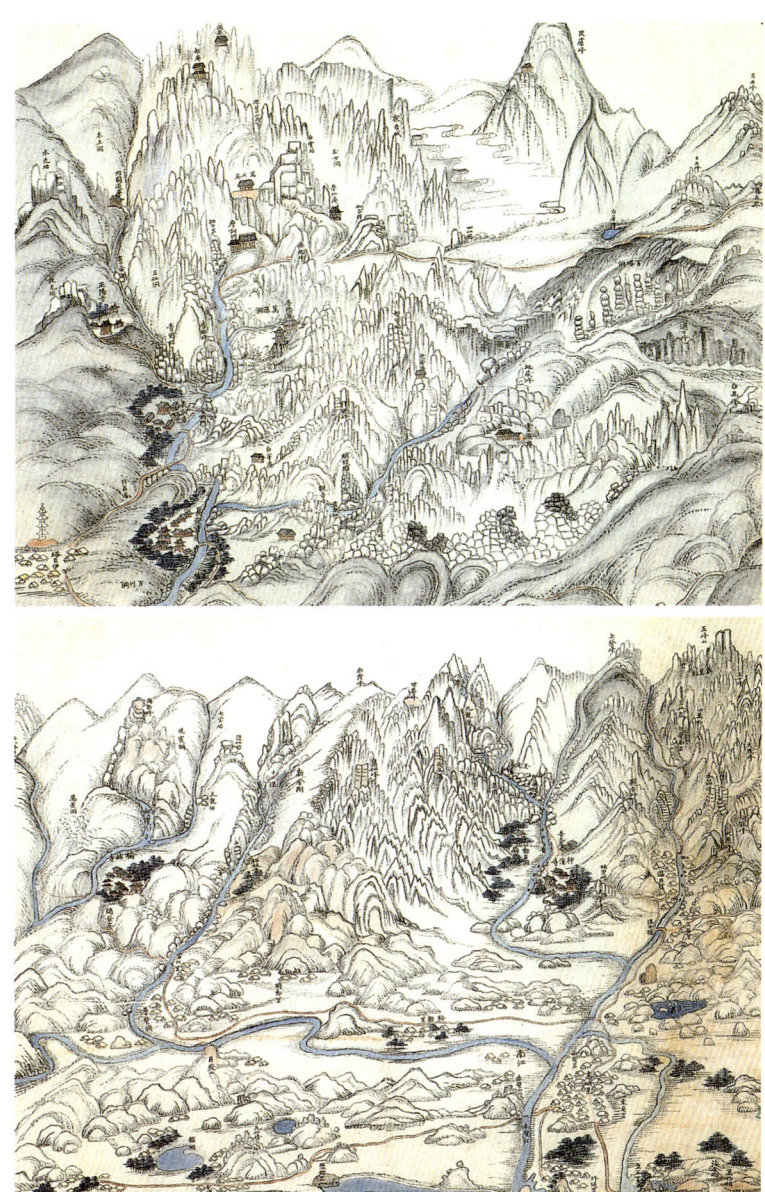

김오헌, 〈내·외금강산 전도〉, 비단에 수묵담채, 각 75.5×100cm, 19~20세기 초, 강릉시 오죽헌박물관 소장. 위 그림이 내금강, 아래가 외금강이다.

을 넘어 장안사, 유점사, 신계사를 방문해서 당시 승려들의 일상을 자세히 취재한 후 해금강으로 향했다고 기록했다.

이렇게 시작된 외국인들의 금강산 관광은 해가 갈수록 그 수가 늘었다. 아마도 우리나라에 와 있던 외교관과 언더우드, 게일 등 선교사들의 추천이 금강산을 유명 관광지로 부각시킨 것 같다.

금강산은 조선시대에도 중국과 일본의 사신들에게 인기 있는 관광지였다. 조선왕조의 《실록》을 보면, 태종 2년(1402) 10월에 중국 사신 온전溫全과 양영楊寧이 날씨가 춥고 얼음이 얼었다는 만류에도 불구하고 금강산에 다녀왔다는 기록이 있다. 다음 해 5월에 사신으로 온 황엄黃儼·조천보曹天寶·고득高得 등도 "금강산은 모양이 불상佛像과 같기 때문에 보고자 하는 것이오"라며 금강산을 구경하고 싶어 했고, 그들은 표훈사에 들러 비단 30필匹을 시주했다.

황엄은 5년 후에도 사신으로 와서 다시 금강산을 다녀갔고, 숙소인 태평관을 방문한 황희 정승에게 "공중空中을 우러러보니, 오색五色 구름이 흩어져 꽃이 되어 날아 내려오고, 또 백학白鶴과 청학靑鶴이 산중에서 날며 춤을 추었다"고 하면서 금강산의 아름다움을 예찬했다.

세종대왕 9년(1427) 5월에 온 사신 창성昌盛과 백언白彥은 황제가 꼭 다녀오라고 했다면서 금강산을 방문했다. 그들은 표훈사에 머물렀는데, "산에 올라 바다를 바라보며 여러 절을 유람하고, 사흘 동안 머물면서 부처에게 공양하고 중들에게 식사를 대접하였다"는 기록이 《세종실록》에 전한다.

조선 초 중국 사신들의 금강산 방문 기간은 계절에 따라 차이가 있었지만, 대개 10~20일이었다. 그러나 모든 사신이 다 금강산을 갈 수 있었던 것은 아니다.

대마주(對馬州, 지금의 대마도) 태수太守는 세조 14년(1468) 4월에 "신이 오랫동안 금강산 유점사를 우러러 예불하기를 원하고 바랐습니다. 비록 그러나 몸소 섬의 정무를 잡아서 귀국의 동쪽 울타리의 임무를 담당해야 하므로 마침내 스스로 갈 수가 없으니, 이것이 한스러운 일입니다. 따라서 앙지仰之 화상和尚을 특사特使 삼아 이제 소향燒香 한 포包를 가지고서 보내니, 엎드려 바라건대, 전하께 아뢰어 금강산 유점사에 이르러서 신을 대신하여 향을 올리게 하여주소서"라는 서한을 앙지 화상 편에 보냈지만, 조정에서는 우리나라 지리를 엿보는 간첩 행위를 할 수 있다 하여 불허했다.

근대에 우리나라를 방문한 영국 화가 엘리자베스 키스도 금강산을 찾아 여러 점의 그림을 남겼다. 키스는 자신의 또 다른 화집인《동양의 창Eastern Windows》(런던, 1928)에, 금강산에 다녀온 이야기를 소개하면서 "비가 쏟아질 때는 계곡에 물이 불어나 두려웠지만, 비가 그친 후 시원한 바람을 따라 골짜기를 내려오는 자욱한 안개에서는 신비로움이 느껴졌다"고 회상했다.

그녀는 금강산에서 세 작품을 그렸는데, 유점사의 창건 설화를 담은 〈금강산의 전설〉과 〈금강산 구룡폭포〉, 그리고 절의 부엌에서 밥하는 공양주, 불 때는 소년, 찬거리를 머리에 이고 오는 보살이 함께 등장하는 〈금강산 절의 부엌〉이다.

근대의 금강산 방문자들은 대부분 유점사와 장안사에서 숙식을 해결

엘리자베스 키스, 〈금강산의 전설〉, 다색목판, 37×18cm, 1921년, 송영달 소장.

엘리자베스 키스, 〈금강산 구룡폭포〉, 다색목판, 37×18cm, 1921년, 송영달 소장.

했는데, 이 두 사찰은 표훈사·신계사와 함께 금강산 4대 사찰로 꼽힌다. 그중 유점사楡岾寺가 가장 크지만, 정확한 창건 연대는 기록이 없어 알 수 없다. 다만 인도 월씨국月氏國으로부터 온 쉰세 분의 스님이 창건했다는 설화가 전한다. 유점사를 방문한 근대의 외국인 관광객들은 주지스님으로부터 예외없이 이 설화를 들은 듯, 여러 사람의 방문기에 소개되었다.

> 53명의 스님이 인도에서 와 불교를 전파하려고 금강산에 들어와서 무릎나무 아래 연못에 앉았다. 그러자 연못에서 살던 용 세 마리가 자리를 빼앗기지 않으려고 스님들과 싸움을 시작했다. 결국 스님들이 이겼고, 큰 돌로 연못을 덮은 후 그 위에 절을 세웠는데, 그 절이 바로 유점사다.
> _ 이사벨라 비숍, 《한국과 그 이웃나라들》, 이인화 옮김, 도서출판 살림

엘리자베스 키스 역시 유점사를 방문했을 때 이 설화를 들은 듯, 구름을 타고 내려오는 스님들과 연못에서 놀란 눈으로 그 모습을 바라보는 용 한 마리가 그려져 있다. 키스가 유점사를 방문했을 때에는 높이가 채 30센티미터가 안 되는 소형 금동불 53점이 있었다. 1931년 봄 유점사를 방문한 우리나라 최초의 미술사학자 고유섭은 〈금강유기〉에서 "유점사 하면 누구나 아는 척하는 것이 53불이다"라고 기록했다. 그만큼 많이 알려진 설화를 키스가 작가적 상상력으로 그려낸 것이다.

〈금강산 구룡폭포〉는 유점사 연못에서 쫓겨난 '아홉 마리의 용이 사는 폭포'라는 전설을 그린 작품이다. 이 판화를 잘 살펴보면 아홉 마리의 용이 보인다. 〈금강산의 전설〉과 짝을 이루는 작품이라고 할 수 있다.

그런데 판화 속의 용들을 자세히 살펴보면, 하늘로 오를 때를 기다리며 못 속에 몸을 담그고 있는 것이 아니라, 목욕을 하면서 장난을 치는 모습이다. 아마도 당시 유점사 스님들이 외국인 관광객들에게 손짓발짓으로 들려준 '목욕하는 용' 전설 때문인 듯하다. 1894년 이사벨라 비숍과 함께 금강산을 방문했던 선교사 F. S. 밀러는 〈금강산 답사기〉에 이렇게 적고 있다.

> 유점사로 들어가는 길목의 부도탑을 지나 옛날에 용들이 목욕했다는 구룡연에 다다랐다. 폭포에서 물줄기가 계속 내려오면서 바위에 구멍이 생긴 형태의 못이었다. (……) 조선 땅에 불교를 전파하기 위해 인도에서 온 53명의 스님이 용을 못으로 쫓아버리고 큰 돌로 연못을 덮은 후 그 위에다 유점사를 세웠다고 설명한 스님은, 그 이야기의 증거로 유점사 근처에 물이 흐르는 시냇가를 보여주었다. 그렇다면 그가 말하는 용들이 바로 오늘 우리가 본 연못에서 목욕을 했다던 그 용들인가 보다. 그런데 스님이 말해주는 이 전설에서 가장 이해할 수 없는 부분은, 한국의 용은 늘 목욕을 한다는 것이다.
>
> _《서양인이 본 금강산》, 박영숙·김유경 엮음, 문화일보사

1928년에는 서울 주재 미국 영사의 딸 릴리언 밀러가 금강산을 방문했다. 밀러는 마하연 풍경을 비롯해 만물상, 금강산 전경, 계곡의 조그마한 폭포 등을 판화로 남겼다.

금강산에서도 마하연의 모습을 담은 그림은 많지 않다. 조선시대 작품으로는 김윤겸(1711~1775), 김하종(1793~?) 두 사람의 마하연 그림

릴리언 밀러, 〈마하연, 금강산〉, 다색목판, 26×38cm, 1928년, 송영달 소장.

이 전할 뿐이고, 근현대 화가의 작품으로는 밀러의 판화가 유일하다. 금강산을 가장 많이 그린 겸재 정선도 마하연까지는 가기가 힘들었는지 전하는 작품이 없고, 금강산 그림으로 《금강 사군첩》이라는 화첩을 엮은 김홍도도 마찬가지다.

근대에 금강산을 그린 화가는 많다. 심전 안중식, 해강 김규진, 청전 이상범, 소정 변관식 등의 동양화가들과 최초의 미국 미술대학 유학생으로 예일대를 졸업한 임용련, 최초의 유럽 미술대학 유학생 배운성 같은 서양화가들이 금강산과 해금강을 그렸지만 마하연을 그린 화가는 없다. 해강 김규진이 1920년대에 〈마하연 동자석〉이라는 작품을 남겼지만, 숲속에 있는 괴석을 그렸을 뿐이다.

일본 화가 중에서도 도쿠다 교쿠류德田玉龍, 가와세 하수이川瀨巴水 같은 유명 화가들이 금강산을 다녀갔지만 만물상과 그 부근을 그렸을 뿐 아무도 마하연을 그리지 않았다. 근현대 화가의 작품으로는 릴리언 밀러의 1928년 작이 유일하게 마하연의 모습을 담은 작품인 셈이다.

밀러는 마하연을 위에서 내려다보며 부감법으로 그렸다. 고즈넉한 뒷마당이 묘사되었는데, 53칸의 방이 있었다는 본채는 그림의 왼쪽 뒤편에 있다. 본채를 그리려면 언덕 아래에서 위를 보고 그리는 구도가 되기 때문에 뒷마당을 그린 것으로 보인다.

마하연摩訶衍은 내금강 백운동의 울창한 수림과 기암절벽 사이에 있었던 사찰로 유점사의 말사末寺. 신라 문무왕 때인 661년에 의상대사가 창건하여 화엄십찰에 들었던 유서 깊은 사찰로, 율곡 이이(1536~1584)가 19세 때 금강산의 여러 사찰에서 참선하며 불교의 이치를 연구할 때 마하연에도 잠시 머물렀다는 내용이《선조실록》1584년 1월 1일자에 기록되어 있다.

내금강 마하연은 지리산 칠불사와 함께 우리나라 2대 참선도량이다. 근대의 고승 만공 선사가 1905년부터 3년 동안 선을 지도했고, 성철·청담 스님 등도 젊은 시절 이곳에서 선을 공부했다.

밀러는 마하연 뒷산인 중향성을 은빛으로 표현했는데, 이는 조선시대 문장가 농암 김창협(1651~1708)이 묘사한 것과도 통한다. 그는 금강산을 유람한 후 쓴 〈동유기〉에 이렇게 기록했다. "마하연 등 뒤에는 중향성이 있어 병풍을 친 듯하며 앞에는 혈망봉, 담무갈 등 여러 봉우리가 빙 둘려 역시 병풍을 친 듯하니 진실로 명가람이다. 지는 해가 아름다워 앞마당을 산책하면서 중향성 봉우리를 쳐다보니 완만한 은색으로 빛나 눈이 부셔 바라볼 수가 없다. 뜰에는 삼나무, 전나무 등이 울창하다. 그중에는 줄기 곧고 껍질 붉고 잎은 삼나무 같은 것 한 그루가 있어 옛날부터 전해오기를 계수나무라고 하지만 그것은 아니다."

송강 정철도 〈관동별곡〉에서 금강산의 아름다움을 노래하며 마하연을 언급했고, 육당 최남선은 《금강예찬》에서 "마하연은 금강의 심장"이라고 극찬했다. 정비석도 수필 〈산정무한山情無限〉에서 "밤 깊어 뜰에 나가니, 날씨는 흐려 달은 구름 속에 잠겼고, 음풍陰風이 몸에 선선하다. 어디서 쏼쏼 소란히 들려오는 소리가 있기에 바람소린가 했으나, 가만히 들어보면 바람소리만도 아니요, 물소린가 했더니 물소리만도 아니

마하연과 유점사는 왜 사라졌을까?

일제강점기에 마하연의 유리원판 사진을 소개한 1999년 국립중앙박물관의 '아름다운 금강산' 전시회 도록은 "1932년 53칸의 건물을 중건하였으나 한국전쟁으로 없어지고 지금은 옛터만 남아 있다"고 설명했다.

북한에서 발행한 《금강산의 력사와 문화》(사회과학원 력사연구소)는 "전쟁 시기 미제의 폭격으로 이 암자들의 거의 전부가 파괴·소각되었다. 그리하여 오늘 금강산에는 보덕암, 불지암, 마하연의 부속건물인 칠성각 등 불과 몇 채의 암자밖에 남아 있는 것이 없다"고 주장한다. 그러나 미군 전투기가 내금강 깊숙한 곳에 있는 마하연을 조준폭격했는지 혹은 불교를 부정하는 공산주의자들이 소각했는지는 훗날 객관적 자료가 발견되어야 알 수 있을 것이다.

유점사 역시 한국전쟁 때 전소되었지만, 이 또한 자세하고 정확한 경위는 훗날 통일이 되었을 때 밝혀지리라.

요, 나뭇잎 갈리는 소린가 했더니 나뭇잎 갈리는 소리가 함께 어울린 교향악인 듯싶거니와, 어쩌면 곤히 잠든 산의 호흡인지도 모를 일이다"라며 마하연 여사旅舍에서 느낀 정취를 읊었다.

마하연은 통일신라 시대부터 조선시대 그리고 근대까지 1,200년이 넘도록, 내금강 깊은 곳에 호젓하게 자리 잡고 있었다. 영주 부석사 다음으로 오랜 역사를 지녔고, 임진왜란과 병자호란의 참화 속에서도 무탈하게 자리를 지켰지만, 한국전쟁을 거치면서 주춧돌 일부와 돌계단만 남아 있을 뿐이다.

16

신여성과 모던걸들의 산실, 여학교

'신여성'과 '모던걸'이라는 단어는 1920~1930년대의 한국 사회를 뜨겁게 달구면서 많은 화제를 남겼다. 신여성은 기혼 개화 여성을 포함한 단어였고, 모던걸은 미혼 여성을 뜻했다. 시대를 앞서갔기에 비판과 선망 사이를 오갔지만, 그들은 세상의 눈을 두려워하지 않고 순종을 미덕으로 알았던 구식 여성과는 다른 삶을 살았다. 당시 신여성과 모던걸 중에는 서구 문화를 맹목적으로 동경하며 추종하는 여인도 있었지만, 여성의 권리를 찾겠다는 개화사상으로 의식화된 여학생이나 선각자도 많았다.

'모던걸'이라는 신조어가 생기자 '모던보이'도 탄생했다. 이들은 그야말로 모던한 의상과 서구식 머리 모양으로 구별되었다.

우리 근대 사회에서 신여성과 모던걸이 어느 날 갑자기 튀어나와 거리를 활보하기 시작한 것은 아니다. 긴 머리를 자르고 한복을 양장으로 바꿔입는 일은 '남자의 나라' 조선에서 결코 쉬운 일이 아니었고, 오랜 시간과 최소한의 사회적 동의가 필요한 과정이었다.

남자들의 머리 모양과 옷의 변화는 개화와 근대의 시작을 알리는 하나의 신호였다. 1895년 단발령이 공포되었을 때 조선 사회는 반발과 혼란으로 뒤덮였지만, 얼마 지나지 않아 군복과 외교관 복장이 서구식으로 바뀌었다. 개화에 앞장섰던 윤치호는 단발령 이전인 1885년 1월 미국으로 유학가면서 상투를 잘랐고, 서광범은 두루마기를 벗고 양복을 입었다.

그러나 이런 변화는 남자들에게만 해당되는 이야기였다. 여자들의 삶에는 아무런 변화도 일어나지 않았다. 물론 엄 귀비(1854~1911, 고종의 총애를 받아 황태자 은(垠, 의민태자)을 낳은 엄비, 순헌황귀비 엄씨), 윤치호의 부인 윤고려, 최초의 여의사 박에스더 등이 양장을 입었지만, 그들은 아주 극소수의 개화 여성일 뿐이었다.

20세기에 들어와서도 여전히 긴 머리를 틀어올려 쪽을 찌고 집에서 밥하고 빨래하고 애들이나 건사하는 존재였던 조선 여성들에게 개화바람이 분 건 여학교가 생기면서부터다. 우리나라 최초의 여학교는 1886년 5월 31일 정동에 세워진 이화학당(이화여중고·이화여대의 전신)이다. 미국 감리회 해외여선교회에서 파견한 선교사 메리 스크랜턴Mary F. Scranton이 조선 여성들의 자기계발과 근대적 교육의 필요성을 강조하며 설립한 학교였다.

서당도 가지 못하던 여자아이들이 다닐 수 있는 여학교가 생겼지만, 미국 선교사가 운영하는 학교에 딸을 보내겠다는 부모는 없었다. '여학교'라는 것도 생소했지만, 나중에 미국으로 데려갈 거라는 소문 때문이었다. 그래서 이화학당의 첫 학생은 기혼녀였다. 어느 고관의 소실로 명성황후의 영어 통역사가 되고 싶다는 꿈을 가진 '김 부인'이었는데, 건

김중현, 〈실내〉, 비단에 채색, 107×110.8cm, 1940년, 삼성미술관 리움 소장.

강상의 이유로 세 달 만에 학교를 그만뒀다.

두 번째 학생 조별단의 부모에게는 스크랜턴 교장이 "당신의 딸을 맡아 기르며 공부시키되 당신의 허락 없이는 서양은 물론 조선 안에서도 열흘 이상은 데리고 다니지 않겠다고 서약합니다"라는 서약서를 써줘야 했다.

이화학당은 1887년에 학생 수가 7명으로 늘었지만, 교과목이 영어·

성경·국어뿐이었다. 다른 과목을 가르치고 싶어도 교과서와 여선생이 없었다. 개교 당시 이화학당은 이런 이유로 대중성 있는 여학교가 되기에는 많이 부족했다.

그런데 불과 몇 년 후인 1898년 9월 8일 〈황성신문〉 1면에 당시로서는 매우 획기적인 기사가 실렸다. 편집자는 "북촌에 사는 뜻있는 몇 분이 여학교를 열겠다는 선언문을 발표해 너무 놀랍고 신기해서 우리 신문의 논설 대신 그분들의 선언문을 싣는다"면서 전면을 할애했다.

> 사지오관 육태가 남녀가 다름이 있는가. 어찌하여 병신 모양으로 사나이가 벌어주는 것만 앉아서 먹고 평생을 방 안에 있으며 절제를 당하면서 살아야 하는가. 우리나라보다 먼저 문명이 개화한 나라를 보면 남녀가 동등권이 있는지라 어려서부터 남녀 각각 학교에 다니며 각종 학문을 다 배워 (……) 옛날을 생각하면 사나이가 위력으로 여편네를 압박하고 옛글을 빙자해서 여자는 안에 있으면서 밖의 일을 말하지 말고 술과 밥을 만드는 것이 마땅하다고 한다.
> 이제는 옛풍습을 타파하고 개명하였으니 우리나라도 타국과 같이 여학교를 설립하고 여아들을 보내어 여러 가지 재주(학문)를 배워 나중에 여자들의 대표가 되게 하기 위하여 여학교를 창설하오니 귀한 여아들을 우리 여학교에 들여보내시라는 발표가 나면 그리 해주시기를 바라나이다. 9월 1일 여학교 선언 발기인 이 소사, 김 소사.

〈황성신문〉에서 여학교 설립 선언문을 대대적으로 보도하자 한글 전용을 표방한 〈독립신문〉도 다음 날 크게 다뤘다. 이후 〈독립신문〉은 여학교 설립을 찬성하는 논설을 실었고(1898. 9. 13), 학교 이름을 '순성여학교'로 정했다는 것, 발기인 400여 명에 개화 신사 윤치호가 남성 지지자 대표라는 기사도 실었다(1898. 9. 15).

이 소사와 김 소사는 순성여학교 창립을 주도한 찬양회贊襄會의 회장 양성당養成堂 이씨와 부회장 양현당洋賢堂 김씨인데, 북촌에 사는 양반집 과부였다. (소사召史는 성 아래 붙여 양민의 아내나 과부를 점잖게 이르는 말이다.) 기독교와는 관계없이 '나라를 찬양한다'는 뜻의 찬양회는 여성 개화운동 단체로, 순성여학교를 관립으로 해달라고 청원하는 활동을 계속 했다. 같은 해 10월 13일에는 찬양회원 100여 명이 대안문(지금의 덕수궁 대한문) 앞에 가서 관립 여학교 설립을 청원하는 상소문을 고종에게 직접 제출해 비답批答을 받았다.

이런 활발한 활동에 힘입어 1899년 대한제국 교육 관계 예산에 '여학교' 항목이 신설되어 3,750원이 배정되었다. 〈황성신문〉과 〈독립신문〉은 새해 예산안 내역을 신문 2면에 걸쳐 자세히 공개했는데, 〈황성신문〉은 이미 그 전해인 1898년 12월 6일자에 "대한제국 역사상 처음으로 여학교 예산이 배정되었다"고 보도했다.

그러나 남성우월주의에 젖어 있던 관료들의 반대로 순성여학교의 관립 인가는 나지 않았다. 찬양회는 하는 수 없이 1899년 2월 26일 일단 사립으로 개교해서 7~13세 여아들에게 《천자》《동몽선습》《태서신사(泰西新史, 서양의 역사)》 그리고 가정생활에 필요한 육아와 요리 및 바느질법을 가르치면서 끈질기게 관립 인가를 호소했지만, 인가는 끝내 나지 않았다.

학교는 재정 부족에 허덕이면서 교장이 계속 바뀌었고, 1905년 12월

28일 이후 더 이상 순성여학교에 대한 기사가 언론에 나지 않은 것으로 보아 이 무렵 폐교된 것으로 추정된다.

순성여학교가 관립 인가를 받지 못해 운영이 부실해지는 사이, 이화학당은 학생 수가 점점 늘어나면서 대표적인 여학교로 자리를 잡아갔다. 이화학당의 공식적인 행사와 학생들의 특별활동은 당시 많은 사람에게 관심의 대상이었다. 〈독립신문〉은 1899년 5월 1일자에 "정동 이화학당 여학도들이 놀이를 갔는데, 자하문 밖으로 가서 화창한 일기에 좋은 산수와 화려한 꽃과 나무숲 사이에서 깨끗하고 시원한 공기를 마시며 재미있게 놀고 왔다더라"면서, 야외로 소풍 나간 것까지 기사화할 정도였다.

당시 이화학당에 다니는 여학생들은 개화의 상징적인 존재였고, 실제로도 그 졸업생들이 우리나라 여성 근대화에 큰 족적을 남겼다.

1899년 7월 14일자 〈독립신문〉은 "이화학당 학생 두 명(신 규수와 김 규수)이 배재학당 학생 두 명(문경호, 민찬호)과 예배당에서 서양식 결혼식을 올리니 구경할 사람은 그리로 가서 보라"는 기사를 싣기도 했다.

이화학당은 교과목과 학교 체제를 개편해서 1904년에 중등과를 설치했다. 이화학당에 여학생이 점점 많아지자 외국 선교사들은 엄 귀비에게 여학교의 필요성을 주장하며 관립 여학교 설립을 권유했다. 이에 엄 귀비는 1906년 4월, 스크랜턴 선교사의 양녀이자 이화학당 졸업생인 여메레(余袂禮, 1871~1933, 메레는 Mary의 한자 음역)에게 땅 1천 평과 교사와 기숙사로 쓸 기와집을 하사해 진명여학교를 세우게 했다.

한 달 후인 1906년 5월에는 조 대비(신정왕후)의 조카며느리인 이정

이화학당의 수업 광경을 찍은 사진이다.

숙(李貞淑, 1858~1935, 갑신정변 때 사망한 영의정 조영하의 부인)에게 한성부 박동(지금의 종로구 수송동)에 위치한 용동궁 480평 대지에 75칸짜리 한옥을 하사해 명신여학교(明信女學校, 1909년에 숙명고등여학교로 개칭, 지금의 숙명여고)를 세우게 하면서 근대 우리나라의 여성 교육은 탄력을 받기 시작했다.

이화학당은 1908년에 보통과(중학교)와 고등과(고등학교)를 신설했다. 학생 모집 광고를 통해 당시 교육 과목을 알 수 있는데, 수준이 상당히 높았던 것 같다.

1914년에 배출된 이화학당 대학과의 첫 졸업생 3인의 사진이다.

학생 모집

초등과 : 국어, 한문, 작문, 산수, 미술, 지리, 체조, 영어.

보통과 : 성경, 한문, 수신, 지리, 우리나라 역사, 산수, 영어, 생물, 위생, 동물학, 식물학, 미술, 물리, 부기, 초보 대수, 체조.

고등과 : 성경, 한문, 대수, 삼각기하, 천문학, 지리, 심리학, 교육학, 물리, 화학, 영문학, 세계지리, 고등생물, 경제, 역사(세계·영국·미국·근세·고대). _〈황성신문〉 1908년 9월 17일

또 1910년에는 4년제 대학과를 설치해, 1914년 4월 신마실라·이화

숙·김애식 등 한국 최초의 여대생을 배출했다.

순종 즉위 다음 해인 1908년 4월 1일에는 한성고등여학교(훗날 경성여자고등보통학교로 개칭, 지금의 경기여고)가 개교했다. 이 학교는 이화·진명·숙명과 같은 사립이 아니라, 순정효황후의 교지에 의해 설립된 첫 번째 관립 여자고등학교다. 《순종실록》 1908년 5월 20일자에는 황후가 다음과 같은 내용의 휘지徽旨를 내렸다고 기록되어 있다.

> 학교가 많이 일어나고 젊은이들이 분발하게 되었으니 나라를 위하여 참으로 다행한 일이다. 그러나 이것은 남자들에게 그칠 뿐이요, 여자 교육에 있어서는 오히려 시행하는 것이 없으니, 어찌 결함이 아니겠는가? 대체로 보통교육은 남자나 여자의 구별이 없다. 여자는 시집을 가면 남편을 돕고 집안살림을 꾸리며, 어머니가 되면 자녀를 기르는 책임을 지고, 언제나 가정의 중심이 되어 한 가정의 행복을 증진시키고 이를 미루어 국운을 도움이 역시 클 것이니, 나라에서 어찌 여자들에 대한 교육을 중요하게 여기지 않겠는가. 나는 직접 스승을 맞아들이고 교육을 받음으로써 일반 여자들도 나를 표준으로 삼기를 기대하였다. 이번에 정부에서 한성漢城에 고등여학교를 창설하는 것은 실로 나의 뜻이 실현되는 것이다. 그러니 부형 되는 사람들은 이러한 뜻을 잘 헤아려 딸아이에게 낡은 풍습의 폐습을 고수하지 말고 학교에 입학시켜 교육을 받게 하라.

실제로 순정효황후는 한성고등여학교 설립 후에도 여러 차례 학교를 방문해 학생들을 격려했고, 1908년 제1회 졸업생들은 황후에게 앵두나무 분재盆栽, 자수비돌刺繡臂突, 자수견刺繡絹을 선물했다는 기록이 《순종실록》에 있다. 한성고등여학교 이후 서울에는 배화·정신·동덕 등 여러 여학교가 세워졌는데, 초기 여학교 학생들 중에는 양반집 규수가 많았다.

여학교에서 '신교육'을 받은 여성들은 사회 곳곳에서 두각을 나타냈다. 근대화와 함께 여성의 일자리도 많이 창출되었는데, 이에 따라 직장 생활을 하는 여성도 많아졌다. 1920년대에 접어들면서 사회로 진출하는 여학교 졸업생의 수가 점점 증가했다. 1923년에 창간된 잡지《신여성》1925년 1월호의 통계에 의하면, 조선 전체 고등여학교 재학생은 2,795명이었다. 그리고 1940년의 총독부 기록을 보면, 전국의 고등여학교 44개교에 학생 수는 10,161명이었다. 15년 사이에 여학교와 학생 수가 크게 증가한 것이다.

《신여성》1924년 4월호에는 경성여자고등보통학교 졸업생 사진 화보와 졸업생 18명의 진로가 소개되었다. 졸업생 중 가정에서 생활하겠다는 여학생은 4명뿐이고, 보통학교 교사 5명, 사범과 진학 3명, 일본 유학이 6명이다. 불과 15년 전만 해도 여학교에서 학생을 모집하기가 쉽지 않았는데, 이제는 다 큰 처녀가 집을 떠나 외국에 가서 대학에 다니는 걸 허락하는 가정이 생긴 것이다.

세상에서는 여학교에서 '신식' 교육을 받은 여자들을 '신여성'이라고 부르기 시작했다. 신여성들은 옷과 머리 모양에서부터 '구식' 여성과 구별되었다. 여성 옷의 변화는 여학교 교복을 통해서 시작되었다고 해도 과언이 아니다. 근대의 여학교에서는 교복을 입게 했는데, 그 시작은 1886년 붉은색 치마저고리를 교복으로 만든 이화학당이었다. 숙명에서는 자주색 양장을 교복으로 정했다가, 반발이 심해 한복으로 바꿨다. 이

이갑향, 〈격자무늬옷의 여인〉, 캔버스에 유채, 111.2×89.5cm, 1937년, 국립현대미술관 소장.

후 이화학당 학생들이 붉은색 교복을 싫어하자 학교에서는 저고리 길이가 길고 치마 길이가 좀 짧은 개량 한복을 교복으로 삼았고, 1920년대에 양장이 등장하기 전에는 이런 모양의 개량 한복이 우리나라 여학교 교복의 한 형태를 이뤘다.

우리나라에서 여자들이 긴 머리를 자르기 시작한 것은 1920년대 중반부터다. 여자의 단발에 대한 찬반론이 사회적 이슈로 떠오르자 《신여성》 1925년 8월호는 '여자의 단발'이라는 제목의 특집기사를 실었다. 조동식 동덕여고 교장, 김윤경 배화여고 학감, 그리고 일본인인 숙명여고 교무주임과 진명여고 부교장은 '반대는 안 한다'는 소극적 찬성 의사를 밝혔다. 오랜 세월 이어져온 옷과 머리의 모양이 바뀌는 데는 이처럼 어느 정도의 사회적 동의가 필요했던 것이다.

당시 여학교 학사 책임자들이 이런 의사를 공개적으로 밝힘에 따라 단발을 하고 긴 저고리에 짧은 통치마를 입은 신여성들이 거리에 등장하기 시작했다. 세상에서는 그들을 지칭해 '단발 미인' '모단毛短 걸' '모던걸'이라고 불렀다.

1920년대 후반부터는 가끔 양장과 단발을 한 모던걸이 눈에 띄기 시작했다. 이들의 행동 반경은 한옥만 가득해서 볼 게 없는 북촌(계동, 가회동, 삼청동, 효자동, 통의동 일대)이 아니라, 다방과 카페, 백화점이 모여 있는 충무로, 을지로, 명동 일대의 '남촌'이었다.

근대의 화가 김주경이 일본 유학 중 여름방학 때 서울에 다니러 왔다가 양장을 하고 양산을 쓴 신여성이 시청 쪽을 향해 걸어가는 그림을 그렸는데, 이곳이 바로 지금의 소공동 부근으로 남촌의 입구였다. 이 부근에 조선인이 운영한 최초의 카페 낙랑파라樂浪parlour가 문을 연 것이

김주경, 〈북악산을 배경으로 한 풍경〉, 캔버스에 유채, 97.5×130.5cm, 1927년, 국립현대미술관 소장.

1931년이고, 거기서 시인 이상과 소설가 구보 박태원이 만나 시간을 보냈으며, 이상은 모던걸 변동림과 연애를 했다.

여성들의 근대화를 위해 〈동아일보〉〈조선일보〉〈조선중앙일보〉 등에서는 1920년대부터 많은 강습회를 개최했다. 요리, 자수, 재봉, 양재 등

여자들의 가사생활에 도움이 되는 강습회가 많이 열렸는데, 그중 가장 반응이 좋았던 것은 뜨개질이었다.

〈동아일보〉는 1927년에 '제1회 편물 강습회'를 개최했는데, 수강생이 너무 많이 몰려 50명 정원을 100명으로 늘리고, 여러 반으로 나눠 12일 동안 뜨개질을 가르쳤다. 털실은 인사동의 대길상점, 견지동의 삼광당과 할인 계약을 맺고 그곳에서 구입하게 했다. 첫해 털실 구입비는 한 폰드(파운드)에 4원이었고(당시 쌀 한 가마니에 16원 정도), 열흘 수강료는 1원이었다.

첫해 강습회는 그야말로 성황리에 끝났다. 〈동아일보〉는 1927년 9월 26일자 '편물 강습 성황리에 종료'라는 제목의 기사를 통해 "열흘 예정으로 열렸던 본사 학예부 주최 편물 강습회는 22일에 끝낼 예정이었으나, 여러 회원의 청원에 의해 이틀을 더 연기하여 24일에야 끝을 냈다. 이번에 강습한 것은 남녀 아동 재킷, 장갑, 손가방, 목도리, 조끼, 스웨터 등이 있었는데, 시일이 촉박하여 한 사람이 여러 가지를 배우지 못하고 3~4가지만을 배웠다"고 보도했다. 아울러 "이번 편물 강습회의 설비가 예상보다 미비하여 강사 및 강습생들에게 미안한 마음이 적지 않습니다. 다음 기회에는 이런 일이 없도록 하겠습니다. 또 이번에 청강할 기회를 얻지 못한 독자 제씨께도 미안한 뜻을 전하며, 빠른 시일 안에 이런 기회가 또 있을 것을 말씀드립니다"라는 사과 기사도 함께 내보냈다.

다음 해인 1928년 강습회에는 "뜨개질을 해본 적이 없는 구식 부인을 위해 조수 몇 분을 더 모셨으니 걱정하지 말고 오시라"고 광고해 200명에 가까운 수강생이 몰려들었다.

털실 값은 몇 년 후 2원 50전까지 떨어졌고, 매해 신문에는 그 해에

주경, 〈뜨개질하는 여인〉, 캔버스에 유채, 116.5×91cm, 1938년, 삼성미술관 리움 소장.

1930년대 후반 신문사 또는 백화점에서 개최하는 뜨개질 강습회를 알리는 광고들. 가운데 오른쪽이 1937년 10월 5일자 〈동아일보〉 광고로, 화신백화점에서 개최하는 배상명 강습회를 알리고 있다.

인기를 끌 털실의 색과 목도리 모양이 소개되었다. 〈동아일보〉 1929년 10월 11일자에는 '편물 시절이 왔다'는 제목으로 "작년에 쓰던 실 남은 것으로 무엇을 짜려고 하면 누구든지 새 실을 더 채워서 하고 싶습니다. 그러나 새것에 작년과 똑같은 품질이나 색이 있기는 어렵습니다. 절대로 얻기 곤란합니다. 그러므로 남은 실을 어떻게든지 유효하게 이용하기 위해서는 조화를 맞추기 쉬운 적당한 색깔의 실을 택하는 것이 상책입니다. 또 한 번 짰던 것이 싫을 때에는 털실을 깨끗하게 풀어서 다시 다른 것으로 짤 수 있습니다. 이때 푼 실은 대개 꼬불거리므로 밥 찌는 것으로 그것을 펼 필요가 있습니다. 찐 털이 펴지면 새 실과 같아 쓰기

강습회의 시초는 언제일까?

많은 사람이 강습회가 일제강점기에 일본의 영향으로 시작되었다고 생각하지만, 그렇지 않다. 우리나라에서 강습회는 강제 병합 이전인 1905년에 이미 시작되었고, 1907년에는 나라에서 강습회를 열어 일본인들에게 우리말을 가르치기도 했다. 다음은 1900년대 강습회를 알리는 신문 광고다.

광고
변호사시험 법령이 공표되었기에 변호사준비회를 만들어 법률을 연구하려고 하니, 재야인사 중 뜻이 있는 분은 본 사무소로 와주시기를 바랍니다. 발기인 이병휘. 광무 9년 11월, 남서복동 4가 변호사준비강습회 사무소.
_ 〈황성신문〉 1905년 11월 20일

한국어강습회
학부에서 한국어강습회를 개설하였는데, 회장은 학부 차관으로 간사 2인은 사무관으로 정하고, 강사 2인은 학부 시학관 이만주와 주사 이완응으로 정하고, 강습료는 1개월에 1환씩이다.
_ 〈대한매일신보〉 1907년 10월 9일

에 불편하지 않습니다"라는 기사를 실어, 지난해 남은 털실과 이미 짠 옷을 풀어서 다른 옷을 만드는 재활용 방법을 알려주었다.

　1930년대에는 화신백화점에서도 무료 뜨개질 강습회를 열었는데, 1937년에는 도쿄 고등기예학교 사범과를 졸업하고 귀국한 배상명(裵祥明, 1906~1986)이 강사로 참여했다.

　배상명은 1937년 종로에 상명고등기예학원을 설립했고, 훗날 상명여학교를, 광복 후에는 상명여대를 설립했다. 당시 서울에는 상명고등기예학교 외에도 광화문통에 조선여자기예학교가 있었는데, 자수·뜨개질·조화·수공예품 제작을 가르쳤다. 이 학교 졸업생들 중 많은 이가 강습회 강사로 활동했다.

17

모던걸 변동림과
천재 시인 이상의 뜨거운 사랑

    1930년대 모던걸들의 최대 관심사는 자유연애였다. 당시 자유연애는 신분과 계급의 차이는 물론 죽음마저도 불사하는 뜨거운 사랑이었다. 신랑 얼굴도 못 보고 결혼하던 오래된 풍습에 대한 반발이자, 여자로서의 정체성을 찾기 위한 노력의 일환이었다고도 할 수 있다.
    모던걸의 자유연애는 가히 한 시대를 풍미했다. 〈사의 찬미〉를 불러 인기 절정에 있던 가수 윤심덕은, 사랑하는 사람과 함께 살 수 없음을 비관해 연인 김우진과 현해탄에서 동반 자살했다. 기생들 중에서도 당시 지식인들과 뜨거운 사랑을 하다가 스스로 목숨을 버렸다는 기사가 가끔씩 언론에 보도되었다. 사회주의 운동가들 사이에서도 동지애적 사랑에 입각한 '붉은 연애'를 하는 경우가 많았고, 비밀 아지트에서 '가짜 부부' 행세를 하다가 진짜 부부로 발전하는 경우도 있었다.
    경성여자고등보통학교(경기여고)를 거쳐 이화여자전문학교 영문과를 졸업한 문학소녀 변동림(卞東琳, 1916~2004)도 시인이자 소설가 이상과 뜨거운 연애를 한 모던걸이었다. 그녀는 이상(李箱, 1910~1937)의 친구

구본웅, 〈친구의 초상〉, 캔버스에 유채, 65×53cm, 1935년, 국립현대미술관 소장.

인 화가 구본웅의 이모였다.

구본웅(具本雄, 1906~1953)은 어릴 때 사고로 척추장애인이 되었는데, 경신고보 시절부터 미술반 활동을 했다. 매주 토요일에는 YMCA에서 여는 고려화회高麗畵會에 나가 우리나라 최초의 서양화가인 춘곡春谷 고희동高義東에게 그림을, 김복진에게 조각을 배웠다.

구본웅은 1927년 제6회 조선미술전람회에서 조각 〈얼굴 습작〉으로 특선한 뒤, 1928년 일본으로 그림 유학을 떠났다. 가와바타川端 미술학교와 니혼日本 대학 미술과에서 기초 수업을 마친 후, 다이헤이요太平洋 미술학교 본과에 입학해 1934년 졸업했다. 그동안 두 번의 개인전을 열었고, 여러 단체전에 참가했다.

구본웅의 친척 후손인 중앙대학교 구광모 교수가 쓴 《우인상友人像과 여인상女人像》에 따르면, 이상과 구본웅은 어릴 때부터 경복궁 서쪽 동네에 이웃해 살았고 신명초등학교 동기동창이다. 구본웅은 이상보다 네 살이 많았지만, 장애인인데다 몸까지 약해서 제대로 진급을 못하고 이상과 같은 반이 되었다.

대부분의 학생들은 척추장애가 있는 구본웅을 '꼽추'라고 놀리며 따돌렸지만, 이상(당시에는 '김해경'이라는 본명 사용)은 존댓말을 쓰며 그를 따랐다. 이런 우정은 구본웅이 일본 미술 유학에서 돌아온 후에도 계속되었다.

구본웅은 일본에서 돌아온 다음 해인 1935년, 이상의 얼굴을 캔버스에 그렸다. 이상이 단편소설 〈날개〉를 발표하기 한 해 전이다. 구본웅이 이 〈친구의 초상〉을 그릴 때 이상은 이미 결핵3기로 접어들어 각혈이 심했다. 그런데도 이상은 계속 담배를 피웠다. 자신에게서 도망치려는

삽화가 이승만이 펜으로 그린 〈이상과 구본웅〉.

기생 금홍을 붙잡아두려고 차린 다방 '제비'는 경영난으로 문을 닫을 상황에 처했다. 구본웅은 그런 이상이 식민지 청년의 상징적인 모습이라고 생각하며 이 초상화를 그렸고, 그래서 주인공의 얼굴에는 어둠이 짙게 드리워 있다.

물론 이 작품은 프랑스의 야수파 화가 모리스 드 블라맹크Maurice de Vlaminck의 1900년 작 〈파이프를 문 남자〉와 1911년 작 〈자화상〉에서 붉은색 입술, 파이프, 담배연기, 배경 등을 모방한 것으로 보인다.

시인 고은은 《이상 평전》에서 "꼽추 구본웅은 그의 문학적 취향과 함께 파리 물랭루주의 난쟁이 화가를 방불케 하고 빅토르 위고의 '노트르담의 꼽추'에 비유되기도 하는 매력을 지니고 있었다"고 묘사했다.

키가 큰 이상과 작은 구본웅이 함께 걸어가면 어린아이들이 쫓아다

기상천외한 시 〈오감도〉

이상은 1929년 경성고등공업학교 건축과를 졸업한 건축학도였다. 졸업 후 총독부 내무국 건축과 기수技手로 근무하면서, 훗날 화신백화점과 성북동 간송미술관을 설계한 건축가 박길룡에게 설계를 배웠다.

1933년 각혈이 시작되면서 총독부를 그만둔 그는 황해도 배천 온천에 요양 갔다가 돌아온 뒤 종로에 다방 '제비'를 차려 경영했다. 양부였던 큰아버지가 물려준 재산이 많아 경제적으로는 여유가 있었다. 제비에는 이태준·박태원·김기림 등 당대의 문인들이 드나들었고, 이상은 1934년 그들이 주도하는 구인회九人會에 가입하면서 글을 쓰기 시작했다. 〈오감도〉가 바로 이때의 작품이다. 1934년 7월 24일, 〈조선중앙일보〉 독자들은 학예면에 실린 '오감도烏瞰圖—시 제1호'라는 제목의 시를 읽으면서 눈이 휘둥그레졌다.

　　十三人의兒孩가道路로疾走하오.
　　(길은막다른골목길이適當하오.)

　　第一의兒孩가무섭다고그리오.
　　第二의兒孩도무섭다고그리오.
　　第三의兒孩도무섭다고그리오.
　　……

이제까지 듣도 보도 못한 형태의 시였다. 어떤 독자는 '막다른 골목길'이 식민지 시대의 암울함을, 무서워하는 아해는 조선 민중을 상징한다며 고개를 끄덕였고, 또 어떤 독자는 이게 무슨 시냐며 혀를 찼다. 다음 날인 7월 27일에는 심산 노수현의 네 칸 만화와 미국 시인 월트 휘트먼의 시와 생애를 소개하는 기사 사이에 〈오감도〉 '제2호'와 '제3호'가 실렸다.

　　나의아버지가나의곁에서조을적에나는나의아버지가되고또나는나의아버지의아버지가
　　되고그런데도나의아버지는나의아버지대로나의아버지인데어쩌자고나는자꾸나의아버
　　지의아버지의아버지의……

전날 고개를 끄덕였던 독자는 숨은 뜻을 찾기 위해 신문을 뚫어지게 바라봤고, 혀를 찼던 독자는 신문을 집어던졌다. "아무리 봐도 모르겠다" "시를 모독하는 말장난"이라는 비난이 이어졌고, 이때부터 연재를 중단하라는 독자들과 30회까지 연재하겠다는 학예부의 기싸움이 시작되었다. 연재는 결국 8월 8일자에 15회를 싣고 중단되었다. 그만큼이라도 연재를 할 수 있었던 것도 학예부장 상허 이태준의 뚝심 덕분이었다.

니며 놀렸고, 나이 든 사람들은 "곡마단패가 들어왔나 보네" "활동사진 변사 일행이야?" 하고 수군거렸다고 한다. 구본웅의 친구인 삽화가 행인杏仁 이승만(李承萬, 1903~1975)이 두 사람이 함께 걸어가는 모습을 그린 삽화가 전한다.

초상화가 완성되고 얼마 후 이상은 제비다방의 문을 닫았다. 하지만 그 후에도 '물장사'의 꿈을 버리지 못하고 카페 '츠루鶴', 다방 '무기麥' 등을 개업했으나 모두 경영에 실패했다. 이상은 큰아버지가 남겨준 유산을 이렇게 탕진했고, 폐결핵이 점점 깊어 각혈이 심해졌다.

구본웅은 친모가 산후 후유증으로 세상을 떠난 후 계모의 손에 자랐다. 계모 변동숙은 구본웅을 지극정성으로 키웠다. 그런데 변동숙의 아버지가 훗날 새장가를 들어 자신과 스물여섯 살이나 차이가 나는 이복 여동생을 낳았다. 그녀가 바로 변동림인데, 연상의 조카 구본웅의 친구 이상과 커피를 마시고 데이트를 하면서 문학을 논하다가 사랑에 빠졌고, 살날이 얼마 남지 않은 그와 결혼하겠다고 결심했다.

이상이 폐병을 앓고 있음을 아는 변동숙은 펄펄 뛰며 반대했지만, 변동림은 1936년 6월 이상과 결혼을 강행했다. 그러나 두 사람은 혼인신고를 하지 않았고, 그래서 이상의 호적에는 변동림의 이름이 존재하지 않는다.

부부에게 신혼의 즐거움은 잠시뿐이었다. 폐결핵은 점점 심해졌고, 구본웅은 천재이자 연하의 이모부인 그가 그렇게 허망하게 삶을 마감하도록 놔둘 수 없다며, 일본으로 가서 요양하라고 돈을 건넸다. 하지만 두 사람이 함께 생활할 수 있는 액수는 아니었기에 이상 혼자 일본으로 떠났다. 결혼 4개월 만인 1936년 9월의 일이다.

일본에서 요양하던 이상은 1937년 2월 공원을 산책하다 '불령선인(不逞鮮人, 명령을 듣지 않는 조선인)'이라는 죄목으로 일본 경찰에 체포되었다. 옷차림이 허름하거나 용모가 단정치 못한 조선인은 무조건 잠재적 범죄자로 취급되던 시절이었다.

이상은 니시칸다 경찰서에 34일간 구금되었는데, 이때 건강이 다시 돌이키기 힘들 정도로 악화되었다. 얼마 후 변동림은 도쿄에 거주하는 이상의 친구에게 빨리 일본으로 오라는 전보를 받았다. 도쿄 제국대학 부속병원에 입원한 이상이 매우 위독하다는 내용이었다.

이상은 변동림이 병원에 도착하고 며칠 후인 1937년 4월 17일, "멜론이 먹고 싶소"라는 말을 남기고 눈을 감았다. 변동림은 수필 〈월하의 마음〉에서 이상의 마지막에 대해 이렇게 회상했다. "나는 철없이 천필옥에 멜론을 사러 나갔다. 안 나갔으면 상은 몇 마디 더 낱말을 중얼거렸을지도 모르는데. 멜론을 들고 와 깎아서 대접했지만 상은 받아넘기지 못했다. 향취가 좋다고 미소짓는 듯 표정이 한 번 더 움직였을 뿐 눈은 감겨진 채로. 나는 다시 손을 잡고 가끔 눈을 크게 뜨는 것을 지켜보고 오랫동안 앉아 있었다."

우리 근대문학사의 천재는 이렇게 박제가 되었다. 21세에 청상靑孀이 된 변동림은 이상의 유골을 안고 현해탄을 건너 미아리 공동묘지에 매장했지만, 세월이 흐르면서 묘소는 유실되었다. 훗날 변동림은 이상의 죽음에 대해 "그는 가장 천재적인 황홀한 일생을 마쳤다. 그가 살다간 27년은 천재가 완성되어 소멸되는 충분한 시간이다"라고 회상했다.

변동림과 김향안

변동림은 당시 자유연애라는 명목으로 '첩살이'를 하던 대부분의 모던걸들과는 달리, 이상의 '본처'였다. 그러나 이상이 허망하게 세상을 떠나고 7년 후, 자녀가 셋이나 있는 화가 수화樹話 김환기(金煥基, 1913~1974)와 살림을 차렸다. 모던걸에게는 본처살이나 첩살이 같은 명분보다는 '불타는 사랑'이 더 중요했기 때문이다.

변동림이 김환기와 동거를 시작하자 이복언니 변동숙은, 부인이 있는 김환기의 첩살이를 하는 건 결국 본부인을 내쫓는 악행을 저지르는 것이라며 결사반대했다. 이에 변동림은 변씨 가문과 아예 인연을 끊겠다며 이름을 김향안金鄕岸으로 바꿨고, 얼마 후 김환기는 본부인과 이혼했다.

근대 추상미술의 선구자이자 현대미술사에도 커다란 발자취를 남긴, 〈어디서 무엇이 되어 다시 만나랴〉의 화가 김환기는 이렇게 이상에 이어 구본웅의 이모부가 되었다. 김향안과 김환기는 근원 김용준이 살던 성북동 '노시산방'에서 신접살림을 차린 후 집 이름을 '수향산방(수화 김환기와 향안이 사는 집)'으로 바꿨다.

김향안은 1955년 김환기와 함께 프랑스 유학길에 올라 미술평론을 공부했고, 1974년 김환기가 세상을 떠난 뒤에는 환기재단을 설립해(1978) 김환기의 예술세계를 알리는 데 힘썼다.

김용준, 〈수향산방 전경〉, 종이에 수묵담채, 24×32cm, 1944년, 소장처 미상.

18

근대의 불치병 결핵과
크리스마스실 운동

　근대 우리나라에서 가장 무서운 병은 결핵이었다. 천재 시인 이상, 소설가 김유정도 결핵에 걸려 요절했다. 신문에는 폐병을 비관해 자살했다는 기사가 하루가 멀다 하고 실렸다. 당시 결핵은 우리나라뿐 아니라 전세계적으로 공포의 전염병이었다. 도스토옙스키, 발자크, 쇼팽 등 천재 예술가들과 데카르트, 칸트, 스피노자 같은 철학자들도 결핵으로 사망했다.
　당시 우리나라 결핵 발병률은 세계 평균 비율을 훨씬 웃돌았다. 1929년 세브란스병원의 자료를 참조한 〈중외일보〉 10월 16일자 사설은, 조선의 2천만 인구 중 3백만이 결핵환자(보균자)고, 전세계 인구 중에서는 8퍼센트인 1억 2천여만 명이 결핵환자라면서, 결핵 퇴치 운동을 벌여야 한다고 주장했다. 우리나라는 7명 중 1명이 결핵환자(보균자)고, 세계 평균은 12명 중 1명이었으니, 세계 평균을 꽤 웃도는 수치였다.
　우리나라 근대의 결핵환자 수에 대해서는 기관마다 수치가 다르기 때문에 어느 것이 정확한지 파악하기 어렵다. 그러나 여러 통계와 보도를 종합해보면, 1920~1930년대에 약 40만 명의 환자가 있었고, 매해 5만 명 이상이 결핵으로 사망한 것으로 추정된다. 정부 수립 후인 1948년에 전체 결핵환자가 60만 명이고 사망자가 106,283명이었으니, 일제 강점기의 환자와 사망자 수가 터무니없는 통계는 아닌 것으로 보인다.

일제강점기 우리나라에서 결핵 퇴치 운동에 앞장선 이는 캐나다의 의료선교사인 셔우드 홀Sherwood Hall 박사였다. 평양에서 의료선교 활동을 하던 윌리엄 제임스 홀과 로제타 셔우드 박사의 장남으로, 1893년 서울 출생인 그는 우리나라에서 태어난 최초의 외국인이다.

그가 태어난 다음 해인 1894년, 평양성에서 청일전쟁으로 인해 부상당한 조선인 환자들을 돌보던 아버지가 발진티푸스에 걸려 세상을 떠났다. 상심한 어머니는 젖먹이 아들을 데리고 미국으로 갔다가 1897년에 다시 조선으로 돌아왔다. 그녀는 우리나라 첫 여성 전문 병원인 보구여관의 의사로 일했는데, 평양에 남편 윌리엄 제임스 홀을 기념하는 병원

보구여관 保救女館

1887년에 여의사 M. D. 하워드가 정동 이화학당 안에 세운 우리나라 최초의 여성 전문 병원이다. '여성을 보호하고 구하는 기관'이라는 뜻의 보구여관은 왕실에서 내려준 이름이다. 첫 두 해 동안 8,000여 명을 진료한 하워드는 건강이 상해 미국으로 돌아갔고, 캐나다 감리교 의료선교사인 로제타 셔우드 홀이 뒤를 이어 10개월간 2,400여 명을 진료했다. 최초로 여성들에게 의학 교육을 실시해 한국 최초의 여의사인 김점동(박에스더, 1879~1910)을 배출했다. 1930년에는 동대문부인병원, 1945년에는 이화여자대학 의과대학 부속병원으로 개칭되었다.

을 설립하기 위해 동분서주했다.

셔우드 홀은 1900년 평양 외국인학교의 첫 입학생으로 들어가 네 명의 학생과 함께 1908년까지 다녔다. 그리고 미국으로 돌아가 고등학교를 마친 후 캐나다 토론토 의과대학에 입학해서 1923년에 졸업했다. 필라델피아 여자의과대학을 졸업한 메리언 버텀리Marian Bottomley와 1922년에 결혼했고, 1924년에는 뉴욕 롱아일랜드의 홀츠빌 서퍼크 결핵요양소에서 결핵을 전공했다.

1925년에 미국 감리회 의료선교사가 된 그는, 이듬해 4월에 어머니가 의료선교 활동을 펼치고 있는 '고향' 한국으로 부인과 함께 왔다. 그해 7월 해주 구세병원Norton Memorial Hospital 원장으로 부임한 셔우드 홀은 1928년에 결핵 전문 치료요양소인 해주 구세요양원을 세웠다.

셔우드 홀은 자서전《닥터 홀의 조선회상》에서 결핵요양원을 세운 이유에 대해 이렇게 설명했다. "결핵은 다른 나라에서는 스무 명에 한 사람꼴인데 한국에서는 다섯 사람 중 한 사람 비율로 희생자가 난다. 일단 병균이 침투하면 한국인은 병을 피할 수 있는 희망이 거의 없다고 생각한다. 결핵은 불치의 병으로 '부끄러운 병'이며, 악귀의 기분을 상하게 한 사람이 운명적으로 받는 벌이라 여긴다. 따라서 요양원은 치료뿐만 아니라 계몽과 교육 목적에서도 꼭 필요하다."

그러나 당시는 세계적 불황으로 선교본부로부터의 재정 지원이 여의치 않았다. 고심 끝에 그는 결핵 퇴치 운동을 위해 세계적으로 유행하던 크리스마스실을 발행하기로 했다.

크리스마스실은 덴마크의 우체국 직원 아이날 홀벨Einal Holboell의 아이디어로 만들어졌다. 그는 당시 많은 어린이가 결핵으로 죽어가는 것

운보 김기창이 그린 1937년 도안(왼쪽)과 그해 크리스마스실. Phyllis Hall King Jr. 소장.

을 보고 마음 아파하던 중, 연말에 쌓이는 많은 크리스마스 우편물과 소포를 정리하면서 무릎을 쳤다. 그 우편물들에 동전 한 닢짜리 '실seal'을 붙여 보내는 계몽운동이 성공한다면, 그 판매금으로 결핵에 노출된 수많은 어린 생명을 구할 수 있을 거라고 생각한 것이다.

1904년 12월 처음으로 크리스마스실이 세상에 나왔다. 호벤의 아이디어는 덴마크 국왕 크리스티안 9세의 적극적인 지원으로 곧 덴마크 국민운동이 되었고 큰 성공을 거뒀다. 곧이어 온 유럽에 크리스마스실이 퍼져나갔고, 미국에서도 실을 발행하기 시작했다. 동양에서는 1910년 필리핀에서 처음 시작되었고, 일본에서는 1925년, 우리나라는 1932년부터 실을 발행했다.

1932년 12월 3일에 발행된 첫 번째 실에는 남대문 그림이 실렸다. 원래 첫 도안은 거북선에 대포를 배치해서 한국의 적敵인 결핵을 향해 발포하는 그림이었는데, 임진왜란 때 거북선에 패한 일본의 반발이 염려되어 남대문으로 변경했다는 일화가 전한다. 셔우드 홀은 자서전에서 "남대문은 한국의 상징이며 결핵을 방어하는 성루를 상징한다"고 그 의미를 부여했다.

〈동아일보〉는 1932년 11월 28일자 '조선의 폐병 박멸하기 위해 크리스마스실 발행, 정말(丁抹, 덴마크의 한문 표기) 폐결핵 박멸 운동 본따서 해주 구세요양원 중심'이라는 긴 제목의 기사에서 "전조선에 100만 명 가까이 되는 결핵환자를 위하여 훌륭한 시설을 갖춘 해주 구세요양원이 더욱 발전하면서 폐결핵 박멸 후원회를 조직하기 위하여 분주히 움직이고 있다고 한다. 조직의 방법으로는 크리스마스를 기회로 해서 '크리스마스실 사업'을 시행하는데, 이를 찬성하시는 분과 후원회가 전조선으로 다니면서 가입 권유 운동을 하면서 조직할 것이라고 한다"라고 소개하면서 홍보에 앞장섰다.

셔우드 홀은 자서전에서, 크리스마스실을 가장 먼저 구입해준 사람은 배재학당의 헨리 닷지 아펜젤러(배재학당 설립자 헨리 거하드 아펜젤러 목사의 아들) 목사이며, 실을 홍보하고 보급하는 선봉대를 조직해서 전국을 돌아다니며 9천 명의 학생과 3천 명의 어른에게 실을 판매했다고 기록했다. 그리고 해외 선교단체들에게 단체주문도 받았는데, 그들에게는 크리스마스 전에 많이 팔았고, 우리나라 사람들에게는 구정(설날) 즈음에 많이 팔았다고 회상했다.

셔우드 홀은 자서전에 당시 우리나라 사람들에게 받은 웃지 못할 내용의 편지들도 소개했다. "저는 당신이 결핵으로 고통받고 있는 사람들을 돕는다는 광고를 보고 실을 샀습니다. 그리고 매일 밤마다 이 실을 정성껏 가슴에 붙였습니다. 그런데도 이 약은 나의 심한 기침을 조금도 낫게 해주지 않았습니다. 돈을 돌려주시기를 청구합니다." "여러 사람들 입에 자자한 그 훌륭한 크리스마스실 약을 좀 보내주시면 감사하겠습니다. 값은 얼마라도 지불하겠습니다." "당신의 요양원에 입원할 수 있는 크리스마스실 입원권을 좀 보내주십시오. 저의 친구들도 많이 들어가려고 합니다."

셔우드 홀은 첫해의 크리스마스실 운동이 경제적으로 성공을 거뒀다고 했다. 경비를 제하고도 170달러의 이익금을 남겨, 당시 우리나라에서 결핵 퇴치 운동에 힘쓰고 있던 평양의 연합기독병원, 여주의 영국 교회병원, 함흥의 캐나다 연합교회병원, 세브란스 유니언 결핵병동, 해주 구세요양원에 25~35달러씩 보조금을 주고 나머지는 결핵서적 구입비와 연구·병리 실험비로 책정했다고 한다.

셔우드 홀은 계속해서 크리스마스실을 발행했고, 당시 언론에서도 결핵 퇴치를 위해 매해 기사와 사설로 동참을 호소했다.

셔우드 홀은 자서전에서 크리스마스실을 발행하는 햇수가 늘어가면서 해외 선교단체들로부터 조선의 풍속이 담긴 도안이었으면 좋겠다는 요청을 받았다고 밝혔다. 첫해에는 자신이 도안을 했고, 이듬해인 1933년에는 미국의 도안을 변형해서 사용했으니, 미국이나 캐나다 후원자들로서는 조선 고유의 실 도안을 전혀 보지 못했기 때문이다.

엘리자베스 키스가 그린 1934년 도안(왼쪽)과 그해 크리스마스실.

이에 셔우드 홀은 1934년의 크리스마스실 도안을, 조선을 방문할 때마다 자신의 어머니 집에 머무는 엘리자베스 키스에게 부탁했다. 키스는 이런 인연으로 우리나라 결핵 퇴치 운동에 동참하게 되었다.

1934년 실 도안은 동대문을 배경으로 한 아낙네가 아이를 업고 있는 모습이다. 키스가 동대문을 배경으로 삼은 것은, 서울에 올 때마다 동대문 바로 옆에 있던 감리교 의료선교회관에서 지냈기 때문이다.

역시 키스가 그린 1936년 도안은 팔각정과 원각사지 탑이 보이는 탑골공원에서 남매가 연날리기를 하는 정겨운 모습이다. 키스가 우리나라에 와서 처음 그린 것이 사월 초파일날 한복을 입은 어린 남자아이의 모

엘리자베스 키스가 그린 1936년 크리스마스실 도안(왼쪽, Dr. Sue Kim 소장)과 그해 실 발행을 알리는 〈매일신보〉의 기사.

습이었다. 평생 독신으로 살았기에 아이들을 각별히 사랑했는지도 모른다. 1934년과 1936년 도안 모두 왼쪽에 '기덕奇德'이라는 서명이 보인다. 키스의 우리식 이름이다.

엘리자베스 키스 다음으로 크리스마스실 도안을 많이 그린 화가는 운보雲甫 김기창(金基昶, 1914~2001)이다. 김기창은 1937년에 팽이치기를 소재로 도안을 했는데, 이 해는 그가 조선미술전람회에서 특선을 한 해다. 당시 그는 23세의 청년이었지만 기량을 인정받은 화가였다. 그래서인지 셔우드 홀은 이 팽이치기 실이 외국 선교단체들로부터 큰 인기를 끌었다고 회상했고, 다음 해에도 도안을 부탁했다.

운보 김기창이 그린 1938년 도안(왼쪽)과 그해 크리스마스실. Phyllis Hall King Jr. 소장.

김기창이 1938년에 그려준 도안의 소재는 제기차기였다. 그해 실 역시 세계 각국으로 배달되었고, 많은 결핵환자를 살릴 수 있는 돈이 모금되었다. 실 모금 운동에는 하와이에 사는 동포들도 동참했는데, 당시 하와이에서 발행되던 신문 〈국민보〉는 1938년 11월 16일자에 다음과 같은 기사를 실었다.

하와이 한인대학생회에서 연년이 황해도 해주에 있는 폐병요양원, 호놀룰루 리아희홈을 후원하는바, 조선 크리스마스실을 금년에도 팔기로 작정하고 각 지방 동포에게 조선 크리스마스실을 소개하오니 많이 사주시기를 바랍니다. 해주요양원은 10년 전에 조선 감리교 선교부 관할하에 홀 의사 부부가 창설하여 그동안 산수경치 좋은 기지에 수만 원 가격의 병원을 건축하고 수만 명 환자를 치료하여 폐병 박멸에 큰 공효가 많습니다.

조선에 폐병환자가 40여만 명이라는데 해주요양원에서는 폐병 박멸을 선전키 위하여 월간잡지를 출판하며 목장·양계·과원 등을 경영하여 병원에 용달한다 하며, 매년 본국과 미국에 있는 모모 한국 친우들이 크리스마스실을 팔아서 경비를 써간다 합니다. 1전짜리 실을 얼마든지 사시는 것이올시다.

지방에서 만일 못 사시면 국민보사國民報社·태평양주보사太平洋週報社·각 지방지회·교회에 문의하시오. 하와이 한인대학생회장 강영복, 조선 크리스마스실 위원장 김영기, 위원 임두화.

셔우드 홀의 크리스마스실 운동은 계속 좋은 성과를 거뒀다. 그는 1940년 실 도안을 마침 우리나라에 와 있던 엘리자베스 키스에게 다시 한 번 부탁했다. 셔우드 홀에 의해 발행되는 아홉 번째 크리스마스실이었고, 키스로서는 세 번째 도안이었다. 그런데 이 그림이 일제로부터 어이없는 탄압을 받는 사태가 발생했다.

192쪽의 그림이 키스가 원래 그린 1940년 크리스마스실 도안이다. 그런데 오른쪽 실에서 볼 수 있듯이 발행되지 못했다. 좀더 정확하게는 이 도안으로 실을 인쇄했는데 일본군 검열관이 국방안보 규정을 어겼다는 이유로 압수했다.

일제는 첫째 그림 뒤 배경의 산 높이가 20미터 이상이라는 점과, 둘째 일본 건국 2600년 대신 표시한 1940이라는 서기 연대 등 두 가지를

엘리자베스 키스가 그린 1940년 도안(왼쪽)과 일제의 검열을 통과하지 못해 보급되지 못한 크리스마스실.

문제 삼았다. 실 발행인 셔우드 홀은 너무나 어이없는 검열과 탄압에 대해 다음과 같이 회상했다.

> 어째서 천진한 아이들이 국방을 위협한다고 생각됐는지 난 이해할 수가 없었다. 이 아이들이 일본의 막강한 군대에 무슨 해를 미친단 말인가? (……) 나는 2600년이라는 일본 연호는 결코 쓰고 싶지 않았다. 그러면서 그들의 감정과 대립되지 않는 대안을 생각해냈다.
> 실 보급 운동이 시작된 지 9년이 되었다는 의미로 'NINTH YEAR'로 대치하겠다는 내 안은 성공했다. (……)

수정을 통해 일제의 검열을 통과한 엘리자베스 키스의 1940년 도안(왼쪽)과 발행된 크리스마스실.

나는 가장 외교적인 방법으로 설득했지만 키스 양은 내 예상대로 펄펄 뛰었다. 그녀를 진정시키느라 진땀을 흘렸는데, 다행히 키스 양이 겨우 배경을 수정하기로 결심했다.

수정한 그림도 역시 멋있었다. 색동옷을 입은 소녀와 소년이 예술적인 대문 앞에 서 있는 그림이었다. 그러나 자세히 보면 먼 산이 대문을 통해 그대로 보였다. 이건 키스 양이 일부러 짓궂게 그렇게 한 것인데도 육군 검열관은 이를 알지 못했다. 이 실이 2차대전까지의, 조선에서 만든 마지막 실이 되었다. _《닥터 홀의 조선회상》, 김동열 옮김, 좋은씨앗

1932년부터 1940년까지 아홉 차례에 걸쳐 이루어진 크리스마스실 발행이 다음 해에 중단된 이유는, 셔우드 홀이 스파이라는 누명을 쓰고 일본 헌병대에 의해 강제로 추방되었기 때문이다.

우리나라 크리스마스실 운동은 8·15해방 후에 재개되었다. 해주에서 셔우드 홀을 도왔던 문창모 박사가 주동이 되어 1949년 한국 복십자회에서 다시 발행했고, 1952년에는 한국기독의사회에서 발행했다. 1953년에는 대한결핵협회가 창립되면서 크리스마스실 운동이 본격화되었다.

셔우드 홀의 뒷이야기

일제에 의해 우리나라에서 추방된 셔우드 홀 부부는 인도로 가서 다시 결핵 퇴치 운동을 벌였다. 조선에서와 마찬가지로 요양소를 세웠고, 크리스마스실을 발행했다.
그렇게 인도에서 23년 동안 결핵과 싸운 셔우드 홀은, 캐나다에 돌아가 은퇴생활을 하다가 1991년 4월 5일 캐나다 밴쿠버에서 98세를 일기로 타계했다. 유언에 따라 그의 부모가 묻혀 있는 서울 양화진 외국인묘지에 안장되었다. 같은 해 9월 19일 타계한 부인 또한 남편 옆에 안장되었다.

19

침묵과 순종,
분노와 감격의 '해방고지'

일제강점기 일본에 대한 우리 민족의 선택은 항일(반일)과 친일 그리고 침묵과 순종 중 한 가지였다. 우리의 근대에서 일본의 강제 병탄에 적극적으로 협조한 친일파들은 1905년 을사늑약 때 정체를 드러냈다. 역사에서는 당시 일본 편에 서서 고종에게 조약 체결을 강요한 다섯 명을 '을사오적'이라고 한다. 학부대신 이완용李完用, 내부대신 이지용李址鎔, 외부대신 박제순朴齊純, 군부대신 이근택李根澤, 농상공부대신 권중현權重顯이 그들이다.

을사늑약 이후 개인의 영달을 꾀하기 위해 일제의 침략 정책에 협조하는 친일파의 수는 점점 늘어났다. 1910년 8월 29일 병탄 때는 총리대신 이완용을 비롯한 각료들뿐 아니라, 순정효황후가 치마 속에 감췄던 옥새를 빼앗아낸 윤덕영 등의 황실 외척 그리고 많은 지식인도 친일파 대열에 합류했다.

1919년 3·1만세운동 이후 일본은 지식인들을 향해 유화와 포섭 정책을 펼쳤고, 조선을 대표하는 문인이었던 춘원 이광수와 독립선언서를 기초했던 육당 최남선이 친일파가 되었다. 두 사람의 변절은 많은 사람을 충격과 허탈의 늪으로 밀어넣었다.

그런데 일제강점기에 활동한 화가들 가운데 반일감정을 드러내며 친일파를 야유하는 작품을 그린 사람이 있다. 향당香塘 백윤문(白潤文, 1906~1979)이다. 스무 살 때 이당 김은호의 문하생이 되었고, 1927년부터 조선미술전람회에 출품해 입선과 특선을 거듭한 화가다. 그의 누이가 김기창의 어머니와 친구여서, 1930년 김기창을 김은호에게 소개한 인연도 있다. 덕분에 김기창이 1931년 제10회 조선미술전람회에 〈판상도무(널뛰기)〉를 출품해서 입선할 수 있었다.

백윤문의 숙부는 인사동에서 한남서림을 운영하면서 간송 전형필의 문화재 수집에 많은 영향을 미친 심재 백두용이다. 붓과 먹을 가까이하는 집안 내력 때문이었을까, 그는 당시 김은호의 제자 중 가장 걸출한 실력의 소유자라는 평을 들었다. 그러나 그의 화풍은 스승과 달리 조선의 고유색을 고집했고, 그의 그림에 등장하는 주인공들은 흰색 두루마기를 입고 있는 경우가 많았다.

여류 화가 나혜석은 《삼천리》 1932년 9월호에 기고한 조선미술전람회 총평에서 "백윤문 씨의 〈촉규蜀葵〉가 뛰어나게 좋았다. 화필과 색채의 특색이 있고 조선미朝鮮味가 있었다"고 호평했다. 이렇게 1930년대 화단에서 두각을 나타내던 백윤문이 1935년 조선미술전람회에 〈분노〉라는 작품을 출품했는데, 주제가 '반일'이라 크게 문제가 되었다.

〈분노〉는 조선인과 일본인이 장기를 두다가 싸우는 장면을 그린 작품이다. 화가 난 조선인이 일본인을 밀치자, 탕건을 쓴 다른 조선인이 일본인이 뒤로 넘어지지 않도록 붙잡으면서 밀친 조선인에게 뭐라고 한마디 할 기세다. 그의 옆으로 보이는 두둑한 돈주머니와 술병은 당시 친일파가 양심을 팔아 부를 챙기고 일본인들과 어울려 술판을 벌이고 있음을 상징적으로 보여주고 있다.

백윤문은 작품을 구상하면서 이당화숙 후배인 규당 한유동과 심원 조중현에게 그림을 그리게 된 동기를 이야기했다. 이 이야기는 1981년 유족에 의해 발행된 《향당 백윤문 작품과 생애》에 실려 있다. 그 기록을 바탕으로 창작 과정을 재구성하면 다음과 같다.

일본의 조선에 대한 식민지 정책이 점점 강화되어가던 1934년 어느 날, 돈화문 앞에 있는 이왕직아악부에서 창소리가 흘러나왔다. 당시 이왕직아악부에서는 매월 한 차례씩 두 시간 정도 연주발표회를 했는데, 일반인은 미리 신청한 사람들만 입장할 수 있었다. 주로 제례악을 연주했지만 때에 따라서는 창도 하고, 피아노와 합주를 하거나 소프라노 독창도 함께 공연했다.

　　수양산 백이숙제 고사리 캐자 날 찾나
　　기경선자 이태백이가 풍월 짓자고 날 찾나
　　상산사호 네 노인이 바둑 두자고 날 찾나
　　차산중 운심한데 부지쳐
　　오신 손님 날 찾을 리 없건마는 그 누구라 나를 찾나
　　얼씨구나 절씨구나 지화자 좋네, 아니 노지는 못하리라.

경기민요 〈창부타령〉이 시작되자 뒷자리에 앉아 있던 백윤문은 고개

백윤문, 〈분노〉, 비단에 채색, 151×192cm, 1935년, KAL 소장.

를 끄덕이며 박자를 맞췄다. 그는 '상산사호 네 노인이 바둑 두자고 날 찾나'라는 대목에서 연신 고개를 주억거렸다. 상산사호商山四皓는 중국 진시황 말기의 난세亂世를 피해 상산에 은거하던 네 노인을 뜻하는데, 옛 화가들은 이 노인들이 이야기하거나 바둑 두는 모습을 소재로 '상산한담도商山閑談圖' 혹은 '상산위기도商山圍碁圖' 등을 많이 그렸다. 조선시대 작품 중에서는 단원 김홍도의 〈상산한담도〉가 대표적인 작품으로 꼽힌다.

집으로 돌아온 백윤문은 며칠 동안 방에 틀어박혀 작품을 구상했다. 숙부인 백두용의 집을 드나들며 본 〈상산위기도〉를 떠올렸다. '분서갱유를 하는 등 포악한 정치로 백성들을 힘들게 했던 진시황 시대와 일제가 강점하고 있는 지금의 시대가 다를 바 없는데, 옛 화가들은 어떻게 한가롭게 바둑을 두거나 차를 마시며 이야기하는 모습을 그렸단 말인가. 그렇다면 나는 어떻게 내 가슴속에서 터져오르는 반일감정을 은유적으로 표현할 수 있을까?'

그러던 어느 날, 백윤문은 영감이 떠오른 듯 고개를 끄덕이며 입을 꽉 다물었다. 그리고 다음 날부터 부친의 한약방에 찾아오는 노인들을 모델로 바둑 대신 장기 두는 모습을 스케치하기 시작했다. 그러나 반일감정을 은유적으로 표현하기란 쉽지 않았다. 너무 조심하면 작품이 힘이 없었고, 좀 과감하게 표현하면 너무 자극적인 그림이 되었다. 그렇게 그렸다가 버리기를 반복하면서 몇 달이 지났을 때, 그는 비로소 회심의 미소를 지으며 붓을 거두고 낙관을 찍었다.

누가 봐도 반일감정이 드러난 작품이었지만, 백윤문은 전혀 개의치 않는 듯 1935년 제14회 조선미술전람회에 출품했다. 조선인 심사위원들은 특선으로 추천했지만 일본인 심사위원들은 입선에도 올릴 수 없다며 얼굴을 붉혔다. 누군가 조선인과 일본인이 장기 두다 싸우는 것도 다 친해지는 과정이라며 얼버무렸을까? 〈분노〉는 논란 끝에 입선으로 발표되었다. 그러나 그건 심사위원들의 결정이었을 뿐, 경무부(경찰서)에서는 그를 끌고 가 문초하기 시작했다. 하지만 그때만 해도 특선 화가를 대단하게 인정해주던 시절이라 다행히 구속은 면했다.

이때의 충격 때문이었을까? 백윤문은 1942년 기억상실증을 일으켰고, 다시 기억을 찾은 1977년까지 35년 동안 붓을 잡지 못했다. 1978년, 36년 만에 전시회를 열며 재기했지만, 이미 세월이 너무 흘러 다음 해인 1979년에 타계했다. 그러나 그가 고심 끝에 세상에 내놓은 〈분노〉는 일제강점기 반일과 친일을 절묘하게 표현한 작품이라는 평가와 함께 우리 근대미술사에 자랑스럽게 자리를 잡고 있다.

1945년 8월 15일, 마침내 일본이 항복을 하고 조선은 해방이 되었다. 비록 우리 민족의 힘으로 쟁취한 광복은 아니었지만, 나라를 빼앗기지 않기 위해 그리고 빼앗긴 후에는 독립을 이루기 위해 싸우다가 목숨을 바친 이는 너무도 많았다.

1907년 일본이 군대를 강제로 해산하자 많은 군인이 의병이 되어 일본군과 싸우다가 목숨을 잃었다. 국가보훈처 기록에 의하면, 1907~1910년 항일 의병으로 나선 사람은 무려 14만여 명이었다. 3·1만세운동 때도 일본의 총칼에 많은 사람이 목숨을 잃었고, 독립운동을 하다 잡힌 수많은 독립투사가 고문으로 죽어갔다. 만주벌판에서 일본군과 전투를 벌이다 숨진 독립군 또한 수없이 많았다.

이쾌대, 〈해방고지〉, 캔버스에 유채, 181×222.5cm, 1944년 5월~1948년, 개인 소장.

그 모진 세월의 투쟁을 1934~1939년 일본 제국미술대학(지금의 무사시노 미술학교)에서 그림 유학을 하고 돌아온 이쾌대가 대형 화폭에 옮겼다. 〈해방고지〉는 당시로서는 보기 드문 대작이었는데, 그 큰 화폭 속에 우리 민족의 죽음과 분노와 감격이 고스란히 담겨 있다. 물론 작품의 구도와 등장인물의 신체 묘사가 르네상스 이후 나타난 신고전주의 화풍의 영향에서 자유롭지 못하지만, 흰색 한복을 통해 우리 민족성을 강조했다.

〈해방고지〉는 우리 민족에게 해방이 결코 쉽게 오지 않았음을 보여주는 작품이다. 역동적인 몸동작과 눈빛에서는 일제를 향한 우리 민족의 분노와 저항이 얼마나 처절했는지, 해방에 대한 열망이 얼마나 강렬했는지가 절절하게 전해진다. 너무나 큰 희생을 치르고 어렵게 이루어낸 해방이기에, 아니 우리 민족이 그토록 도달하고 싶어 했던 높은 목표이기에, 이쾌대는 제목에 '고지高地'라는 단어를 붙였을 것이다.

이쾌대 李快大, 1913~1965

경상북도 칠곡면에서 대지주의 막내아들로 태어난 이쾌대는 대구에서 보통학교를 나온 후 1928년 서울의 휘문고보로 유학했다. 당시 휘문고보에는 서양화가 장발(張勃, 훗날 서울대 미대 학장 역임)이 미술교사로 있었는데, 그가 이쾌대의 그림솜씨가 범상치 않음을 알고 미술공부를 권유했다. 장발에게 집중적인 지도를 받은 이쾌대는 고보 5학년 때인 1932년 제11회 조선미술전람회에 유화 〈정물〉을 출품해 입선했고, 같은 효자동에 살던 진명여고 학생 유갑봉과 자유연애 끝에 결혼했다. 그리고 다음 해 졸업과 함께 일본으로 건너갔고, 1934년 제국미술대학에 입학해서 본격적으로 화가수업을 받았다.

이쾌대의 작품을 발굴하고 세상에 소개하는 데 큰 역할을 한 미술사가 김복기의 연구에 의하면, 〈해방고지〉는 해방 전인 1944년 5월경부터 그린 작품이다. 이쾌대는 한국전쟁 때 피난을 가지 못해 선전 포스터 그리는 부역에 동원되었고, 9·28 서울 수복 후 인민군 틈에 섞여 있다가 체포되었다. 인민군으로 인정되어 부산 포로수용소를 거쳐 거제도 포로수용소에 수용되었다. 본인은 반공 포로 막사로 가서 남한에 남으려고 했으나, 그의 형 이여성이 북한에서 고위직에 있다는 사실을 안 반공 포로들의 살해 위협에 어쩔 수 없이 공산주의자 막사에 있었고, 결국 포로 송환 때 북한으로 갔다.

20

일제강점 36년의
상처와 잔재

    1945년 8월 15일 낮 12시, 일본은 연합국에 '무조건 항복'을 선언했다. 항복선언문을 발표하는 일왕 히로히토裕仁의 떨리는 목소리가 라디오를 통해 흘러나왔다. 드디어 일본이 전쟁에서 졌고 우리나라는 광복을 맞았다.
    해방은 분명 기쁨과 감격의 소식이었지만, 일제강점 36년이 남긴 상처는 크고도 깊었다. 일제는 우리 민족의 정신과 문화를 말살하기 위해 역사를 왜곡·폄하했다. 내선일체·황국신민화를 떠벌리면서 창씨개명을 강요했고, 학교에서 한글 사용을 금지하는 등 조선인의 민족정신을 말살하기 위해 온갖 수단을 동원했다. 민족과 조국을 사랑하는 모든 사람에게 그야말로 참담한 세월이었다.
    206~207쪽의 〈서울 풍경〉은 박득순(朴得錞, 1910~1990)이 1949년 가을, 남산에 올라 지금의 케이블카 정류장 근처에서 아래를 내려다보며 그린 작품이다. 화폭에 담긴 서울의 풍경은 정동에서 종로 네거리(종로2가)까지로, 한국전쟁 이전의 서울 중심부 풍경이 자세히 담겨 있다.

배재고등학교 시절부터 그림에 소질을 보인 박득순은, 1934년 도쿄 다이헤이요 미술학교에 입학해 본격적으로 화가수업을 받았다. 1938년 졸업 후 고향인 함경남도 문천에서 지내다가, 다음 해부터 경성부(지금의 서울시청) 도시계획과에 근무했다. 그런 이유로 서울의 건축물들에 대해 잘 알고 있었고, 또 조선미술전람회에서 두 번이나 특선한 실력을 갖췄으므로 이렇게 큰 화폭에 서울 풍경을 이토록 섬세하게 묘사할 수 있었던 것이다.

그런데 1898년 휴버트 보스가 그린 〈서울 풍경〉(15쪽)에서 웅장하게 자리를 잡고 있던 광화문이 1949년 박득순의 그림에서는 보이지 않는다. 왜일까? 1925년, 일제가 광화문이 조선총독부 건물을 가린다며 삼청동 올라가는 쪽에 있는 건춘문 옆으로 옮겼기 때문이다.

일제강점기에 훼손된 우리 건축물은 광화문만이 아니었다. 일제는 조선의 정궁 경복궁에서 조선물산공진회, 조선부업품공진회, 조선가금공진회, 조선박람회 등 각종 행사를 치렀다. 그들은 근정전을 개·폐회식 장소로, 사정전을 진열실로, 교태전을 귀빈실로, 경회루를 연회장으로 이용했다. 또 주변 공간에 우사·돈사·계사·양어장 등을 배치했고, 나중에는 경복궁 내 전각들을 민간에 매각하는 방식으로 해체했다. 해방 후 경복궁 안은 벌판이나 다름없었다.

창경궁에는 동물원과 식물원이 들어섰고, 벚나무가 궁궐을 뒤덮었다. 조선왕조의 권위에 대한 도발이었다.

일제강점의 흔적은 경복궁과 창경궁뿐 아니라, 지식인들의 머릿속에도 남아 있었다. 36년이란 긴 세월 동안 일본식 사고방식과 일본 역사에 입각한 교육을 받았으니, 그 영향이 쉽게 지워지지 않았다.

박득순, 〈서울 풍경〉, 캔버스에 유채, 98×162cm, 1949년, 타워호텔 소장.

1929년 일본이 제작한 조선박람회 지도의 부분.

해방 후에도 일제강점기에 악명을 떨친 친일파들이 다시 역사의 현장으로 복귀하려는 시도가 있었는데, 미군정은 친일파 청산을 한국인들이 알아서 하라는 입장이었다. 우리 정부가 세워지기 전에는 친일파를 단죄할 방법이 없게 된 것이다. 이에 의협심 강한 사람들이 개인적으로 친일파를 색출했다. 당시 발행되던 〈자유신문〉 1946년 1월 5일자에는 "서울시 락원정 친일파 조사 고려탐정사에서는 친일파 민족반역자들을 과학적으로 수사하여 가지고 새로운 정부에 보고하여 인민재판에 부치도록 하기로 하고 맹렬한 활동을 개시하였다는바 일반은 자료 제공 등 절대한 협력을 바란다고 한다"는 기사가 실리기도 했다.

미군정이 친일파 청산에 대해 수수방관하고 있으니, 사설기관이 친일파를 '과학적으로 수사'하여 새 정부가 들어서면 그 자료를 넘겨주겠다고 나선 것이다. 〈자유신문〉뿐만 아니라 많은 언론이 친일파를 규탄했다. 〈동아일보〉는 1946년 10월 10일 '친일반역자들이 대두(擡頭, 머리를 쳐들고 나타남)—최린, 이광수, 김대우 등이 모의'라는 제목의 기사에서 친일파의 준동이 심상치 않다면서 다음과 같이 보도했다.

> 해방 후 전민족의 지향과 요청은 조선의 자주정권 수립에 있다는 것은 두번 말할 필요가 없고, 첫째로 국내 문제에서 민주혁명 세력의 통합과 일제에 영합 추종하던 친일 민족반역자 숙청의 무조건 단행이 당면의 급선무다. 그러나 요즘 일부 불투명한 세력이 나타나고 그들끼리 강화하여, 민족반역자 숙청이라는 삼천만의 염원을 냉각케 하고 있다. 동시에 거기서 더 나가 불순분자를 보호하는 방향으로 나가려는 것이 최근의 혼란한 정세라는 인상을 주고 있다.

해방 후 남한에서는 일제강점기에 폐간되었던 〈동아일보〉와 〈조선일보〉가 복간되었고, 〈서울신문〉〈자유신문〉〈중앙신문〉〈조선인민보〉〈한성일보〉 등이 창간되었다. 신문들의 논조는 좌·우로 나뉘었는데, 시간이 흐르면서 중도도 생겼다. 그러나 친일파에 대한 규탄에서는 모든 언론이 같은 목소리를 냈다.

〈동아일보〉는 이 기사에서 최린, 이광수, 주요섭, 주요한, 김대우 등이 이미 돌아가신 도산 안창호 선생의 이름을 빌려 '흥사단 국내위원회'라는 간판을 걸고 시내에서 3일 동안 연석회의를 개최했다면서, 민족반역자인 이들의 행동을 전민족적으로 감시하고 주목해야 한다고 강조했다. 그리고 한 달 후인 11월 6일자에서는 좌우합작을 추진하는 김규식 박사가 미군정 하지John Reed Hodge 중장에게 '남조선 임시입법의원 지방 민선 선거'에서 친일파가 피선되었다면서 재선을 요청했다는 기사를 실었다.

그러나 1948년 남한 단독정부 수립 후에도 친일파 청산은 순조롭지 못했다. 당시 우리나라에 일제의 잔재가 얼마나 많이 남아 있었는지는 박득순의 〈서울 풍경〉을 통해서도 상징적으로 살펴볼 수 있다.

일제강점기에 남산 아래쪽은 일본인 집단거주지였기 때문에 광복 후에도 일본식 집들이 그대로 남아 있었다. 그림 아래 일본식 돔 형태의 건물들이 있는 자리는 지금의 한국은행과 신세계백화점 부근이다. 일제강점기부터 돈이 많은 은행들이 모여 있던 금융가라서, 건물이 모두 일본식이다. 악명을 떨쳤던 동양척식주식회사, 식산은행 등이 모두 이 황금정 2정목(을지로2가)에 있었고, 부근의 명치정(명동)이나 본정(충무로)과 함께 일본인 3대 상권을 형성했다.

그림의 왼쪽은 태평로 부근인데, 가장 높은 건물이 일제강점기에 경성부민관(지금의 서울시의회 건물)으로 불리던 곳이다. 이 건물은 1934년 7월에 착공해 이듬해 12월에 준공되었는데, 주로 공연이나 친일집회 장소로 사용했다. 춘원 이광수가 학병에 지원하라고 권유하는 연설을 한 곳이 바로 이 부민관이다. 해방 한 달여 전인 1945년 7월 24일에는 친일파의 거두 박춘금이 주도하는 '아세아민족분격대회' 때 대한애국청년당의 조문기, 강윤국, 유만수가 연단에 폭탄을 설치해 친일파 한 명이 사망하고 수십 명이 부상당하는 의거를 일으키기도 했다.

박춘금(朴春琴, 1891~1973)은 정치깡패의 원조라고 할 수 있다. 어렸을 때 일본인 술집에서 심부름을 하며 일본말을 배운 그는 일본으로 건너가 온갖 잡일을 하면서 폭력배로 성장했다. 그는 조선인 노무자의 사상 통제를 위해 상애회를 결성하고 회장이 되었는데, 이 단체는 일본과 일본 기업 편에서 조선인 노무자를 착취하는 조직폭력 단체였다. 1923년 관동대지진 때 조선인 6,000여 명이 학살당하자 조선인 노무자 300명으로 봉사대를 조직, 시체 처리와 불령선인 색출 등 그 뒤처리에 앞장서면서 상애회를 재단법인화해 세력을 전국적으로 넓혀갔다.

일본 중의원에 두 차례 당선되는 등 일본 정계의 실력자가 된 그는 조선에 드나들면서 광산 등의 이권사업이나 하의도 소작쟁의 등에 개입했다. 총독부와 협조해 조선의 유력자들을 협박, 감금, 폭행하기도 했다. 1945년에는 항일·반전 사상을 격파할 목적으로 대의당이라는 조직폭력 단체를 결성했으나, 해방 후 잠적하여 행적이 알려지지 않는다.

〈서울 풍경〉의 가운데 부분이 바로 종로2가의 보신각 부근으로, 당시 서울의 중심지라고 할 수 있다. 보신각 북쪽 건너편이 지금의 종로타워 자리인데, 당시에는 화신백화점이 있었다.

화신백화점은 일제강점기에 조선의 거부 박흥식(朴興植, 1903~1994)이 1931년 동관과 서관으로 나눠서 운영했는데, 그는 이 그림이 그려진 1949년에 친일 문제로 재판을 받는 신세가 되었다. 재판 중에 그가 일제에 전투기를 헌납한 사실뿐 아니라 일제의 대표적 수탈기관이었던 동양척식주식회사의 주식을 1천 주 이상 갖고 있었다는 사실이 밝혀져 세상을 놀라게 했다.

그러나 특별재판부는 그를 병보석으로 석방했다. 이에 특별검찰부 검찰관 9명은 전원 사표를 제출하면서 항의했고 사회 각계에서도 특별재판부를 비난했지만, 박흥식은 같은 해 9월 26일 무죄판결을 받았다.

해방 후 친일파 청산 문제가 우여곡절을 겪은 이유 중 하나는, 좌·우·중도의 정치적 성향에 따라 친일파의 범위가 달랐기 때문이다. 하지만 적극적 친일의 경우 이견이 없었는데, 이승만 정부는 박흥식조차 무죄를 선고한 것이다. 이 판결로 많은 적극적 친일파가 피동적 친일파가 되었고, 적극적 친일·소극적 친일·반강제적 친일에 대한 판단은 역사적 과제로 남은 채 지금까지도 계속 논란의 대상이 되고 있다.

이승만 정부와 반민족행위특별조사위원회

1948년 8월 대한민국 건국헌법 제101조에 의해 국회에 반민족행위처벌법 기초 특별위원회가 발족되었다. 그해 9월 22일 법률 제3호로 반민족행위처벌법이 제정되었고, 법에 따라 반민족행위특별조사위원회(반민특위)가 구성되어 그해 10월부터 친일 반민족 행위자들에 대한 예비조사를 시작으로 의욕적인 활동을 벌였다.

그러나 친일파와 결탁한 이승만 정부는 반민특위가 체포한 친일 경찰 노덕술을 석방하고, 노덕술을 체포한 관계자를 오히려 처벌하도록 지시하는 등 온갖 방해공작을 일삼았다. 또한 반민특위를 와해시키기 위해 독립운동가 출신 백민태를 고용해 정부 요인을 암살하려고 했는데, 백민태의 자수로 미수에 그치기도 했다. 그리고 군중을 동원해 '공산당 물러가라'며 반민특위를 습격하는 등 색깔론에 앞장섰다. 또 친일 경찰 최운하를 체포하자 내무차관, 치안국장 등이 경찰을 이끌고 특위 사무실을 습격해 위원들을 체포·구금하기도 했다.

친일파를 청산하자는 국민들의 여망에도 불구하고 반민특위는 결국 친일파가 득세하는 이승만 정부의 압력을 견디지 못하고 1949년 10월 해체되었다.

21

우익과 좌익으로 갈라진 한반도

　해방의 기쁨은 길지 않았다. 제2차 세계대전의 승전국 미국과 소련은 조선의 분할통치를 결정했다. 청천벽력이었다.
　1945년 9월 남한에 도착한 미국은 군정을 선포하고, 남한 내의 모든 기구를 인정하지 않을 것이며 허락받지 않은 모든 단체는 불법으로 간주하겠다고 선포했다.
　해방이 되었을 때 임시정부 주석 김구는, 우리 민족의 힘이 아니라 연합군의 개입으로 해방이 된 것에 대해 개탄했다. 독립국가를 세울 때 미국 등에 휘둘려 임시정부의 발언권이 약해질 것을 두려워한 것이다. 안타깝게도 그 예상은 틀리지 않았다. 임시정부 인사들이 정부 자격이 아니라 개인 자격으로 해방된 조국에 돌아와야 했던 것이다.
　소련이 진주한 북한은 '인민위원회'라는 하나의 조직을 중심으로 일사불란하게 정치를 안정시켰다. 그러나 남한은 김성수와 송진우 등 친일파 중심의 한국민주당(한민당), 친일이건 반일이건 우선 단결하여 단독정부를 세우자는 이승만의 독립촉성중앙협의회, 통일정부 수립만이 우리 민족의 살길이라는 김구 중심의 한국독립당(한독당) 등으로 국론이 분열돼 있었다. 좌익에 대한 우익의 '백색테러', 우익에 대한 좌익의 '적색테러'가 백주대낮에도 횡행했다.

날이 갈수록 혼란이 점입가경으로 치닫자 남과 북, 우익과 좌익이 힘을 합해 분단과 군정을 끝내자는 민족주의자들의 목소리가 힘을 얻기 시작했다. 김구가 대표적인 중도 민족주의자였고, 장편 역사소설《임꺽정》의 저자인 벽초碧初 홍명희(洪命熹, 1888~1968)도 1947년 민족독립당 당수이자 민족자주연맹 부의장으로서 좌우합작을 추진했다. 그러나 양극으로 치닫는 정세 속에서 중도 민족주의자들이 설 자리는 많지 않았고, 오히려 우익과 좌익 양쪽으로부터 정치적 이념을 분명히 하라는 압력에 시달렸다.

김구·김규식·조소앙·홍명희 등 중도 민족주의자들은 통일정부 수립을 논의하기 위해 1948년 4월 평양에서 열리는 '남북조선 제정당사회단체 대표자 연석회의'에 참가하기로 했다. 떠나기 전 김구가 거처하던 경교장 앞에서는 우익단체들이 연석회의 참가를 반대하는 시위를 벌였지만, 그의 의지를 꺾지는 못했다. 김구는 홍명희 등과 함께 4월 19일 오전 6시 45분에 38선을 넘었다.

4월 19~23일 공식 회의에 참석한 후 김구, 김일성 등 주요 인사들이 모여 회의를 계속했고, 4월 30일에는 외국 군대 철수와 통일정부 수립을 주요 내용으로 하는 '공동성명서'가 발표되었다.

김구, 김규식 등 회의 참석자들은 5월 5일 서울로 돌아왔는데, 홍명희는 함께 오지 않고 북한에 남았고 얼마 후 가족들을 북한으로 불러들였다. 좌익이 아니라 민족주의자였던 홍명희가 북한에 남은 정확한 이

김용준, 〈홍명희 선생〉, 수묵담채, 63×34cm, 1948년, 밀알미술관 소장.

유는 알려지지 않았다.

다만, 당시 나이가 어렸던 김일성이 학식과 명망이 있는 홍명희가 자신의 옆에 있으면 정치적 입지를 확고히 하는 데 도움이 된다고 생각해서, 북한 잔류를 간곡히 설득했다는 설이 유력하다. 김일성은 홍명희가 타인의 간청을 뿌리치지 못하는 '성격적 약점'이 있음을 알고 그에게 마지막 날 예정에 없던 대표 연설을 부탁했고, 마지못해 연설을 한 홍명희는 남한으로 돌아왔을 때 좌익에게 이용당하고 우익에게 공격당하는 상황이 싫어 고심 끝에 북에 남았다는 것이다.

좌도 우도 아닌 중도 민족주의자는 어디에도 설 자리가 없던 시절이었다. 결국 김구는 이듬해인 1949년 육군 소위 안두희에게 암살당했고, 김규식과 조소앙은 한국전쟁 때 납북되었다. 남과 북 중 한 곳을 택하지 않은 결과였다.

홍명희는 충청북도 괴산 출생이다. 부친 홍범식은 1907년 태인 군수로 있을 때 적극적으로 의병을 보호해 일본군의 체포망을 피할 수 있게 해주었다. 1909년 금산 군수로 부임해서도 선정을 베풀어 주민들의 칭송이 자자했으나, 1910년 8월 29일 경술국치의 비보를 듣고 선산에 올라가 자결했다. 20대 초반의 아들 홍명희에게 "기울어진 국운을 바로잡기엔 내 힘이 무력하기 그지없고, 망국노의 수치와 설움을 감추려니 비분을 금할 수 없어, 내 스스로 순국의 길을 택하지 않을 수 없다. 내 아들아, 너희들은 어떻게 해서든 조선 사람으로서의 의무와 도리를 다하여 잃은 나라를 기어이 찾아야 한다. 죽을지언정 친일하지 말고, 먼 훗날에 나를 욕되게 하지 말라"는 유서를 남겼다.

홍명희는 부친의 유언을 받들어, 3·1운동 때 고향인 괴산에서 만세시위를 주도해 옥고를 치렀으며, 옥에서 나온 후에도 일제와 타협하지 않고 끝까지 지조를 지켰다.

벽초 홍명희는 일제강점기에 춘원 이광수, 육당 최남선과 함께 조선의 3대 천재로 불렸다. 고향에서 한학을 수학한 후 서울 중교의숙中橋義塾을 거쳐 도쿄에 유학, 다이세이大成 중학을 졸업했다. 1924년 〈동아일보〉 편집국장, 1925년 〈시대일보〉 사장, 1926년 오산학교 교장을 역임한 후, 1930년 신간회 사건 주모자로 옥고를 치렀다. 1928~1939년에는 역사소설 《임꺽정》을 〈조선일보〉에 연재했는데, 옥고를 치르는 등의 이유로 세 차례에 걸쳐 중단과 연재를 반복했다. 《임꺽정》은 결국 완성되지 못한 상태에서 광복 후 전10권으로 간행되었다.

월북 후 북한에서 내각 부수상, 과학원 원장, 조국평화통일위원회 위원장, 최고인민회의 상임위원회 부위원장 등을 지냈지만, 정치적 힘은 없었다. 항일운동을 한 빨치산 출신도 아니고, 남한에서 공산당 활동을 한 적도 없었기 때문이다. 그러나 그는 힘을 갖기 위한 어떤 노력도 하지 않았고, 바로 그런 이유 때문에 남로당 숙청 때에도 정치적 곡절 없이 넘어갈 수 있었다.

북한에서 《조선왕조실록》 번역을 주도한 홍기문(洪起文, 1903~1992)이 그의 아들이다. 소설 《황진이》로 북한 작가로서는 처음으로 남한의 만해문학상을 받은 홍석중(洪錫中, 2004년 금강산에서 수상, 1941년 서울 출생)과 김정일의 측근으로 경제 브레인 역할을 하는 홍석형 조선로동당 중앙위원회 정치국 위원 겸 당 중앙위원회 비서(국가계획위원장 역임, 1936년 서울 출생으로 북한 고위 인사 중 유일한 남한 출신) 등이 홍명희의 손자다.

변월룡, 〈김일성과 홍명희, 김두봉〉, 종이에 연필, 29×40cm, 1953년, 유족 소장. 김일성 왼쪽이 홍명희, 오른쪽이 김두봉이다.

　러시아 동포 3세 화가 변월룡이 그린 〈김일성과 홍명희, 김두봉〉은 한국전쟁이 끝난 1953년 11월 조선로동당 중앙위원회 7차 전원회의 광경을 스케치한 작품으로, 당시 부수상이었던 홍명희의 위치를 잘 보여 준다.

　홍명희와 함께 김일성 옆에 앉은 김두봉(金枓奉, 1889~1960)은 부산 출신의 한글학자였지만, 옌안延安에서 활동하며 조선독립동맹에 가담, 주석이 된 대표적 연안파다. 남북연석회의 때 김구, 김일성, 김규식과 함께 '4자회담(4김회의)'에 참석했을 정도로 정치적 힘이 있었다. 그러나 그 힘 때문에 1958년 연안파 숙청 때 당에서 제명되었고, 이후 평남

순안농장의 지배인으로 좌천되었다가 1960년 사망했다.

홍명희는 남로당 출신과 연안파가 숙청되는 걸 보면서 욕심 없이 조심조심 살았던 것으로 보인다. 그가 북한에서 좌우명으로 삼았던 말이 "생활에서는 많은 것을 바라지 말고 극히 필수적인 것만을 바라면서 마음 편히 사는 것이 좋다" "사람은 항상 행운유수, 떠가는 구름과 흐르는 물 같아 마음속에 거침이 없고 티가 없어야 한다"였다고 한다.[19]

위 홍명희의 좌우명이 담긴 〈통일 념원에 대한 일화〉는 북한 작가 현승걸이 홍명희의 북한 생활에 대해 쓴 수필이다. 이 글에 의하면, 홍명희가 북한에 살면서 가장 가슴 아파했던 개인적인 일은, 유럽 출장 중에 만난 제자가 외면한 것이라고 한다. 그렇게 돌아온 홍명희는 수십 년 만에 거문고를 켰고, 그 후로 다시는 해외 출장을 가지 않았다고 한다.

> 식구들은 거문고를 달라는 선생의 말에 놀랐다. 은은한 달빛에 슴배인 거문고 소리, 식구들이 근 60년 만에 처음 듣는 악기 소리였다.
> "사람이 그럴 수 있는가. 한 동포끼리 이국땅에서 만났는데 인사도 없으니, 그 사람이 분명 나를 알아보았는데 못 본 척하고 지나치고 말더군. 민족분열의 비극 때문이지."
> 남조선에서 온 사람이란 훗날에 알아보니 선생의 제자였다. 그가 누구이며 어데서 만났는지, 거기에 대해서는 선생은 끝내 말하지 않았다.
>
> _ 현승걸, 〈통일 념원에 대한 일화〉

벽초 홍명희의 제자가 스승을 보고도 모르는 척 외면해야 했던 이유는, 북한 사람을 만나면 절대로 아는 척하거나 말하지 말라는 소양교육

(외국여행 전에 의무적으로 받던 반공교육) 때문이었을 것이다. 1950년대 말이나 1960년대 초반에는 유럽 여행을 가기가 쉽지 않았으니, 그 제자는 어쩌면 공무 출장 중인 공무원 신분이었는지도 모른다. 조선의 3대 천재라고 불릴 정도로 머리 좋은 홍명희가, 제자가 왜 자신을 외면해야 했는지를 몰랐을 리가 없다. 그날 밤 그가 거문고를 켠 진짜 이유는 분단의 아픔 때문이었을 것이다.

홍명희는 통일을 보기 위해 건강에 매우 신경을 썼다고 한다. 옛친구들과 만나 밥을 먹으며 담소도 하고 시도 읊겠다며, 통일을 보기 전에는 결코 눈을 감을 수 없다고 입버릇처럼 말했지만, 그는 결국 민족의 통일을 보지 못한 채 1968년 세상을 떠났다. 우익과 좌익 두 이념 중 하나를 택해야 했던 시절에 태어난 '슬픈 천재'의 마지막이었다.

《임꺽정》

벽초 홍명희가 1928~1939년 〈조선일보〉에 연재한 작품으로 미완성 대하소설이다. 홍명희의 월북으로 남한에서는 오랫동안 금서였다가, 월북 작가 해금이 이루어진 후 다시 출간되었다. 조선 중기의 백정 출신 의적 임꺽정을 형상화한 이 작품에 대해 강영주 교수는 "상하층의 생활뿐 아니라 궁중과 사대부 사회의 풍속과 언어를 탁월하게 재현하고 있는 점은 동시대의 다른 역사소설들에서는 유례가 드문 성과"라고 평가했다.

22

이념의 희생양이 된
전설의 무희

광복의 짧은 환호 뒤에 찾아온 분단은 우리 민족을 이념의 소용돌이 속으로 몰아넣었다. 정치적 신념에 따라 남한으로 오는 이도 있었고 북한으로 가는 이도 있었다. 이른바 '월남'과 '월북'이다. 그러나 그중에는 남편이나 아내의 사상을 따를 수밖에 없었던 이념의 희생양도 많았다.

일제강점기에 '전설의 무용가' '전설의 무희' '동양의 진주' '조선이 낳은 세계적 무용가'라고 불렸던 최승희(崔承喜, 1911~1969)도 그중 한 명이다. 그녀는 암울했던 일제강점기에 조선춤으로 세계를 누볐다. 그녀의 조선춤은 절망에 빠져 있던 조선 사람들에게 희망과 자부심을 안겨주었다. 일본 경시청은 그녀의 춤이 민족의식을 고양할 수 있다며 연주 목록의 3분의 1을 일본적인 소재로 바꾸라고 강요하기도 했다.

최승희는 광복 당시 중국에 있었는데, 아들 병건(훗날 '문철'로 개명)을 임신 중이었기 때문에 출산 후 미군정청에서 보낸 배를 타고 1946년 5월 29일 귀국했다. 그녀는 귀국과 함께 친일파라는 비판을 받았다. 1942년부터 2년 동안 100여 회 일본군 위문공연을 한 전력 때문이었다. 그러나 그 공연은 일본의 강요에 의한 것이었기에, 그녀는 여론에 개의치 않고 무용에 대한 자신의 계획을 실행하는 데만 집중했다.

〈동아일보〉는 1946년 6월 21일자 '무용가 최승희 씨 러치 장관과 회견'이라는 제목으로 다음과 같은 기사를 실었다. "최근에 중국에서 돌아온 무용가 최승희 씨는 앞으로 조선의 발레 무용을 창작하며 무용연구소를 설치하여 후진 양성에 이바지하기 위하여 준비 중이다. 지난 17일에는 군정청 러치Archer L. Lerch 장관과 만나 조선 무용에 대한 설명을 한 다음 군정청의 적극적인 원조를 요청하였다고 한다."

그녀가 그렇게 남한에서의 정착을 준비하고 있을 때, 중국에서 북한으로 갔던 남편 안막(安漠, 1910~?, 본명은 안필승, 사회주의 문학평론가)이 가족과 함께 월북하라는 연락을 보내왔다. 그리고 얼마 후인 1946년 7월 20일 한밤중, 마포 한강변에 8톤짜리 발동선이 도착했다. 최승희는 시동생 안재승과 제자이자 안재승의 부인인 김백봉(金白峰, 1927~, 훗날 남한으로 돌아왔다) 등 13명과 함께 배에 올랐고, 배는 인천을 거쳐 북한으로 갔다.

출렁이는 바닷물 소리를 들으며 그녀는 무슨 생각을 했을까? 친일파라고 손가락질받은 일이 서운하기도 했겠지만, 그녀에게 춤을 추고 가르칠 수 있는 곳이라면 남한이든 북한이든 상관없지 않았을까?

최승희는 1911년 서울에서 태어나, 15세 되던 해에 숙명여자고등보통학교를 졸업했다. 1926년 5월, 무용공부를 하기 위해 일본 현대무용의 선구자 이시이 바쿠石井漠를 찾아가 3년 동안 배운 후, 1930년 2월 경성공회당에서 제1회 최승희 무용발표회를 가졌다. 한국인 최초의 독

배운성, 〈최승희의 장구춤〉, 목판화, 30×20cm, 연도 미상, 개인 소장.

자적인 춤 공연이었다.

　공연은 성황리에 마쳤으나, 일본인 스승의 영향에서 벗어나지 못했다는 비판을 들었다. 그녀는 그 비판을 겸허히 받아들여 조선춤의 일인자인 한성준을 찾아갔다. 최승희는 그로부터 여러 종류의 조선춤을 배웠는데, 특히 장구에 대해 많은 가르침을 받았다.

　장구춤은 풍년을 기원하고 추수를 감사하는 각 지방의 민속놀이에 등장하는 전통춤인데, 최승희가 현대무용으로 재창작해 우리나라의 대표적인 춤의 하나로 자리매김했다. 최승희는 한성준으로부터 장구가락을 배우는 데 그치지 않고, 장구를 메고 가락에 맞춰 역동적인 춤사위를 표현하는 데 성공했다. 그녀는 장구춤을 출 때 오른손만 채를 사용하고, 전통 장구춤에서 사용하는 왼손의 궁굴채는 과감히 생략한 채 빈손으로 춤사위를 강조한다. 이런 창의성이 바로 춤꾼으로서의 천재성일 것이다.

　한성준에게 배운 장구춤, 부채춤, 승무, 칼춤, 가면춤 등 전통 조선춤은 최승희의 춤세계에 큰 영향을 끼쳤다. 그녀는 조선 고유의 춤사위에 바탕을 두면서 이시이 바쿠에게서 배운 현대무용을 접목시켜 현대적으로 재해석하고 예술적으로 발전시켰다. 최승희만의 독창적이고도 예술적인 춤세계가 창조된 것이다.

　최승희는 1931년 5월 문학청년 안막과 결혼했다. 당시 유행하던 말로 '모던보이'와 결혼한 것이다. 경기도 안성 출생인 안막은 최승희의 큰오빠 최승일의 절친한 친구였다. 그는 경성제2고보를 중퇴하고 와세다早稻田 대학 러시아어과에서 수학했다. 결혼 직후인 1931년 9월 사회주의 문학운동과 관련이 있다는 이유로 체포되었지만, 불기소처분으로 풀려났다. 그는 그 후 사회주의 리얼리즘을 소개했는데, 이를 계기로 사회주의 창작 방법에 대한 논쟁이 시작되었다. 그러나 그는 논쟁이 과격하게 흐르자 더 이상 글을 쓰지 않고, 1933년 이후 최승희의 공연 매니저 역할에 충실했다.

결혼 후 최승희는 계속 공연을 했지만, 춤 공연 수입으로는 연구소를 유지해나가기가 힘들었다. 그래서 1933년 스승 이시이 바쿠에게 돌아갔다. 이듬해 9월 일본 청년회관에서 그녀의 첫 무용발표회가 열렸는데, 이때 발표한 〈거친 들판에 가다〉〈칼춤〉〈승무〉 등은 조선의 정취를 제대로 살렸다는 찬사와 함께 성황을 이뤘다. 이 공연의 성공으로 최승희는 일약 스타덤에 올라, 순회공연을 하고 학용품과 화장품 광고에도 출연했다. 또 신흥영화사에서 만든 영화 〈반도半島의 무희舞姬〉 주연을 맡아 바야흐로 '최승희 시대'를 열면서 경제적 어려움 없이 춤 창작에 전념할 수 있게 되었다.

'조선 정서 가득히 실코 최승희, 미국에 등장. 동경 주재 미대사관 소개로, 보수금은 15만 불.' 〈매일신보〉 1937년 1월 27일자 기사 제목이다. 15만 달러는 6개월 순회공연 사례와 공연팀 전체 경비를 포함한 액수다. 당시 화폐가치로 볼 때 15만 달러는 지금 300만 달러 이상의 가치다. 파격적 대우라고 해도 과언이 아니었다. 다음은 최승희의 미국 공연에 관한 〈동아일보〉 기사의 제목들이다.

- 최승희 씨 세계적 무대에, 내년 봄에 세계일주 _ 1935. 10. 22
- 인기의 최승희 여사 신작 무용 발표, 도쿄 日比谷(히비야)에서, 초만원 입장 5천 명 _ 1935. 10. 23

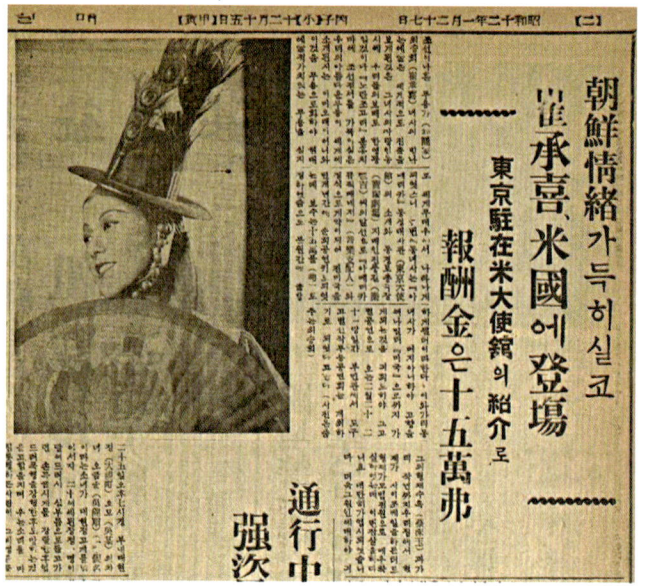

최승희의 미국 공연을 소개한 〈매일신보〉 1937년 1월 27일자 기사.

- 무용사절 최승희 여사 도미 공연 제1신, 세계 예술가의 메카 紐育(뉴육, 뉴욕) 메트로에서 공연, 동양인으로서 최초의 전속 계약, 격찬의 뇌성! 꽃다발 사태! _ 1938. 2. 07
- 최승희 여사의 무용을 절찬, 작가 기자 초대 공개 _ 1938. 2. 23
- 세계 무용계의 지보 최승희 여사 미국 각지서 공연, 간 곳마다 절찬 _ 1938. 2. 25

이 제목들을 보면 최승희는 뉴욕에서도 큰 성공을 거뒀고, 미국 언론에서도 호평했음을 알 수 있다. 진짜였을까? 1930년대에 미국의 지방

> atre in the afternoon. She is said to be the first dancer of her people to attempt to make a career along European lines, and as such is to be considered as something of a pioneer. If at present her art seems a bit too mild for these rough-and-tumble precincts, there are a number of things to be said in her favor. First of all, she is an extremely decorative young woman, with a charming manner. Second, she has a wardrobe which is no less than a collection of confections, designed for her by her artist compatriot, Chung Wan Kim, with more than a suggestion of the Rue de la Paix about them.
>
> Much of her choreographic material stems from native sources, but none of the dances is actually authentic. They have all been com-

〈뉴욕타임스〉 1938년 2월 21일자의 최승희 관련 기사.

도시가 아니라 뉴욕 한복판에서 한국의 무희가 정말 박수갈채를 받고 꽃다발세례를 받았을까? 그 답은 〈뉴욕타임스〉가 알려준다.

최승희 한국 전통예술 공연 소개 _ 존 마틴

한국에서 온 최승희는 어제 오후에 길드극장 무대에서 공연을 했다. 그녀는 유럽 무용가들과 어깨를 나란히 겨루고자 시도하는 한국 최초의 무용가이며 선구자라 하겠다. (뉴욕의 무용계가) 공격적이며 경쟁이 심한 영역이라는 점을 감안할 때, 그녀의 현재 공연은 지나치게 부드러워 보이기는 하지만, 오히려 그러한 점이 유리하게 작용할 수도 있다. 첫째, 그녀는 매력적인 예의범절에, 좋은 외모까지 지닌 젊은 여성이다. 둘째, 그녀에게는 동포 예술가인 김충완이 디자인한 뤼 드 라 페Rue de la Paix의 영향을 받은 다양하고 화려한 무대의상이 준비되어 있다는 점이다.

최승희 안무의 근원은 모국인 한국이라고 할 수 있지만, 그녀의 무용은 사실 정통 한국춤이라고 하기에는 상당한 거리가 있었다. 그녀의 무용은 모두 공연을 목적으로 새로이 창작되었으며, 그녀의 무대의상처럼 전적으로 파리의 영향을 드러내고 있다. 이야기 형식의 춤은 지나치게 많이 사용되면서도 별 특징이 없어 보이는 데 반해, 성격 춤은 자신의 적성을 충분히 살려 보여준다. 빼어나게 익살스러운 가면을 쓰고 공연한 〈한국의 방랑자〉는 공연 중 가장 훌륭한 작품으로 꼽을 수 있으며, 〈축제를 위한 춤〉과 〈한국의 젊은 신부〉는 생동감이 넘치는 공연으로 관중의 환영을 받았다.

공연을 위한 음악은, 일련의 타악기 반주를 제외하고는, 한국 궁중무용과 민속무용을 자료로 한 이고순의 피아노 편곡으로 구성되었는데, 피아노라는 악기 자체가 한국적인 것과는 생소하여 전혀 어우러지지 못한 점이 아쉽다. 안필승도 이고순과 함께 공연의 음악 부분을 담당했다.

_〈뉴욕타임스〉 1938년 2월 21일

최승희의 이런 성공에 대해 안막은 그녀의 큰오빠 최승일에게 다음과 같은 편지를 보냈다.

承一 형

지난달 22일 桑港(상항, 샌프란시스코)에서의 공연을 대성공 속에 끝내고

24일 헐리우드에 와 있습니다. 여기서 제일 고급인 이벨극장에서 2월 2일에 공연이 있습니다. 매일 연습으로 바쁘게 지냅니다. 헐리우드에서 각 스타들과 같이 만나고 있습니다. 기회를 보아 영화入의 찬스를 얻어볼까 합니다.

이곳을 마치고는 2월 3일에 뉴욕을 향하여 출발합니다. 메트로폴리탄 뮤지컬 비유-로와 정식 調印(조인)하야 爲先(위선, 우선) 뉴욕을 최초로 12회 공연을 1주일에 3회씩 하기로 되었습니다. 承喜(승희)가 메트로폴리탄 프레젠트라는 레텔을 가지고 국제적 수준에 올라간 셈이지요.

우리는 몸 건강히 지내며 매일 휴식할 틈도 없이 신작에 열중합니다. 작품이 부족하여 만들었습니다. 뉴욕에 가면 집에서 온 편지가 도착하였을 듯, 반가이 읽겠습니다. 아무쪼록 자주 편지 주시고 서울 살림 이야기나 해주세요. 일전 편지에도 썼습니다마는 米國(미국) 저희들의 주소는 일본 총영사관 기부로 해도 좋고 메트로폴리탄 기부도 좋으니 그리고 어디든지 하십시오.

신문지상에 발표하시려면 메트로로 하는 것이 좋을 것 같습니다. 또한 일본 영사관보다 메트로 사람들은, 매일같이 지방에도 가고 공연을 나가게 되니까 아마도 메트로 주소로 보내시는 것이 편리할 것도 합니다. 헐리우드 호텔에서 安漠 拜(안막 배상).　　　　_《삼천리》1938년 3월호

　최승희가 미국 공연에서 소개한 춤은 〈신라 궁녀〉〈낙랑의 벽화〉〈검무〉〈조선의 표박자漂泊者〉〈고구려의 전무戰舞〉〈고려 대장〉〈조선 무희〉〈농가의 처녀〉 등 조선의 역사와 긍지를 알리는, 조선을 소재로 한 춤이었다. 그래서 훗날 일본 경시청에서 공연의 3분의 1은 일본 소재로 하

라고 강요했던 것이다. 《삼천리》는 1938년 10월호에 최승희의 편지를 실었다.

聖林(성림, 할리우드)에서 崔承喜(최승희)

고국 계신 여러 형제께 문안드리나이다. 저는 여러분께서 도와주시고 사랑하여주시는 속에서 태평양을 건너 米國(미국)에 와서 이미 로샌젤스와 華盛頓(화성돈, 워싱턴)과 紐育(뉴육, 뉴욕)을 두루 거쳐 며칠 전 세계 영화의 서울인 헐리우드로 왔나이다.

米國 와본즉 영화 사업이 놀랍게 굉장한 데는 놀라기를 마지않았습니다. 자동차 사업이나 마찬가지로 영화가 米國의 3대 산업의 하나라고 합니다. 헐리우드의 영화 시설이 인력을 다한 극진 極美(극미, 더할 수 없이 아름답다)한 데는 오직 경탄할 뿐이외다.

저는 오늘 여기에서 로-버트 테일너를 만났고 또 〈벵갈의 創騎兵(기마병)〉에서 낯이 익던 푸랜쭐 톤을 만났습니다. 모다 쾌활하고 好男兒(호남아)들이더이다. 자세한 것은 別便(별편)으로 돌리기로 하고 爲先(위선, 우선) 여기에 그칩니다.

미국에서 최승희의 활약은 대단했고, 〈샌프란시스코 크로니컬〉〈샌프란시스코 데일리 뉴스〉〈로스앤젤레스 이브닝 헤럴드〉〈시카고 트리뷴〉〈시카고 데일리 뉴스〉〈뉴욕 헤럴드 트리뷴〉 등의 일간지와 무용잡지 《아메리칸 댄서》 2월호와 11월호에도 소개되었다. 〈뉴욕타임스〉도 계속해서 호평했다.

> She has also a pleasant comedy sense and depends largely upon its employment for the attainment of variety. With the aid of excellent masks, she becomes in turn the caricature of a pompous warrior, an aged dreamer and a vagabond, much to the evening's advantage. Less effective are those numbers which seek nothing more than the achievement of local color. "Invocation to Buddha" is a conspicuous example.
> The audience was large and eager to applaud, and there were flowers and encores.

〈뉴욕타임스〉 1938년 11월 17일자의 최승희 관련 기사.

한국춤을 선보인 최승희 _ 존 마틴

지난 시즌 뉴욕에서 첫선을 보인 한국인 무용가 최승희가 브로드웨이 길드극장에서 두 번째 공연을 가졌다. 지난 몇 달간, 그녀는 미국 관객들이 선호하는 공연 프로그램 준비에 관련한 많은 지식을 습득했으며, 전반적인 현지 공연계 템포까지도 파악하였다. 한국 전통음악 반주의 피아노 편곡을 사용하지 않고 한국 전통악기 연주를 녹음한 음악으로 대체하기로 한 것은 상당한 개선이라 하겠다.

그녀의 춤은 한국의 전통춤을 모사한다기보다는 한국식 춤사위의 창작에 몰두한 춤이라 보인다. 이러한 의도로 보자면, 그녀의 춤은 그 범위 내에서 큰 성공을 거둔 셈이다. 그녀의 많은 춤동작이 매력적이긴 하지만, 전체적으로는 아주 취약하며, 장점이 되는 그녀의 춤동작이 공연 전체에 고루 분포되지 못한 점이 몹시 아쉽다.

최승희는 우아한 자태를 지닌 젊고 아름다운 여성이며, 의상에 대한 안목도 대단하다. 공연의 상당부분이 그녀의 즐거움을 자아내게 하는 희극적 감각에 의존되고 있다. 탁월한 가면의 도움으로, 과장된 전사의 캐리커처, 나이 든 몽상가와 방랑자 순으로 변신하는데, 그 점이 이 공연의 백미라 하겠다. 공연의 많은 부분은 미국 현지의 취향을 모방하려는 정도에 머무는 수준이라 하겠다. '부처님께 기원'이라는 제목의 춤은 그것을 분명하게 보여주는 예다.

공연에는 관객도 많았고, 관객들은 열성적인 박수갈채를 보냈으며, 꽃다발과 앙코르 요청도 있었다. _〈뉴욕타임스〉1938년 11월 17일

미국 공연을 성공리에 마친 최승희와 안막을 비롯한 공연팀 일행은 유럽 공연을 위해 1938년 12월 프랑스 파리로 떠났다. 최승희는 파리에서 2년 정도 머물 계획이었지만, 제2차 세계대전의 발발로 급히 귀국 준비를 하게 된다. 그러나 바로 귀국하지 않고 다시 뉴욕으로 가서 중남미 순회공연을 했다.

3년여 동안 세계를 누비며 조선춤을 선보인 최승희는 1941년에 서울로 돌아왔다. 최승희는 당시 식민지 조선의 많은 사람에게 민족적 자긍심을 심어준 조선의 자랑이자 희망이었다.

최승희가 안막의 연락을 받고 월북하자 김일성은 대동강변에 '최승희 무용연구소'를 차려줬다. 지금의 옥류관 자리다. 최승희는 한국전쟁 전 북한에서 조선무용동맹위원회 위원장을 지내면서, 전쟁 직전 200여 명의 단원을 이끌고 모스크바로 공연을 떠났다. 1950년 한국전쟁이 일

변월룡, 〈숙제 검사하는 최승희〉, 종이에 연필, 20×28.8cm, 1954년, 유족 소장. 맨 왼쪽이 최승희다. 오른쪽 검은 저고리를 입은 여인이 딸 안성희로 추정된다.

어났지만 김일성은 계속 공연을 하도록 했다. 그러나 한국군과 유엔군의 평양 입성을 전후해 최승희 무용연구소는 폭격으로 사라졌다. 김일성은 모스크바 공연이 끝난 후 최승희를 베이징으로 가게 했다. 피난 겸 중국과의 친선 도모를 위해 중국 무용 발전에 도움이 되는 활동을 하라는 뜻이었다.

한국전쟁이 끝나자 최승희는 북한으로 돌아왔고 무용연구소는 다시 문을 열었다. 남편 안막은 문화부 부부장(차관급)이 되었다. 변월룡의 연필그림 〈숙제 검사하는 최승희〉와 유화 〈공훈무용가 최승희〉는 이때 그린 작품이다.

변월룡, 〈공훈무용가 최승희〉, 캔버스에 유채, 118×84cm, 1954년, 유족 소장.

최승희는 1955년 인민배우가 되었고, 1957년 최고인민회의 대의원에 당선되었다. 1957년 소련에서 열린 제6회 세계청년학생축전에서 그녀는 소련의 울라노바, 중국의 재애련載愛連과 함께 '사회주의 3대 무용가'에 선출되었다. 불가리아, 루마니아, 알바니아, 체코 등 동유럽의 32개 도시에서 83회 공연을 했고, 제1급 국가훈장을 받았으며, 인민회의 대의원에 재선되었다.

그러나 1958년 남로당 숙청 때 남편 안막이 숙청당했고, 최승희 무용연구소는 국립예술대학 무용학부로 개편되었다. 그녀 역시 무용학교 평교사로 발령받았다. 1959년에는 남편 안막이 사망했다고 전한다. 최승희는 1966년까지는 창작무용도 발표하면서 조선무용동맹 위원장직을 유지했다.

최승희의 1967년 이후 1969년 8월 8일 세상을 떠날 때까지의 삶에 대해서는 기록이 없다. 그러나 그동안 알려진 북한 관리들의 증언은 최승희의 마지막 생을 이렇게 전한다. "그동안 그녀의 오만방자함이 많은 문제를 만들었다. 그러나 수령님이 문제 삼지 말라고 해서 가만있었는데, 도저히 더 이상 그냥 둘 수 없는 상태가 되어서 지방으로 보냈다."

북한에서 '지방으로 보낸다'는 말은 지금도 가장 무서운 말 중 하나다. 지방은 농촌을 의미하고, 농촌에 가면 계급이 농민이 되기 때문이다. 농민 계급은 도시에 나가 직장생활을 할 수 없다. 농민의 자녀도 당연히 농민이므로 도시로 나가는 것이 거의 불가능해진다. 결혼을 해도 도시로 나갈 수 없기 때문에, 북한에서는 이런 배우자를 '도시로 갈 조건이 안 되는 사람'이라고 한다. 최승희의 자녀들에 대해 알려진 게 없는 이유도 그 때문일 것으로 추정된다.

자존심이 하늘을 찌르던 그녀는 말년의 몰락 앞에서 어떤 생각을 했을까? 북한으로 불러들인 남편 안막이 원망스러웠을까? 그보다는 식민지와 분단 시대에 태어난 자신의 운명이 원망스럽지 않았을까?

● 이 글 중 성장기와 월북 과정은 '(사) 무용가 최승희 기념사업회'의 자료와 《불꽃, 최승희 자서전》(자음과모음, 2006), 《최승희》(정수웅, 눈빛, 2004)를 참조했다.

23

민족 최대의 비극, 한국전쟁

근대에서 현대로 넘어오는 과정은 순탄치 않았다. 우리나라는 그 길목에서 한국전쟁이라는 민족 최대의 비극을 만나 만신창이가 된 채 현대의 문턱에 들어섰다.

1950년 6월 25일 새벽, 소련의 지원을 받아 무기와 장비를 갖춘 북한군이 38선을 넘었다. 그들은 곧 전쟁을 끝내고 한반도에서 사회주의 혁명을 완수할 것으로 믿었다. 그러나 미국과 유엔이 나서고, 중공군이 개입하면서 한국전쟁은 국제전으로 비화되었다. 절대 일어나서는 안 될 동족상잔의 비극은 1953년 7월 27일 휴전협정이 조인될 때까지 한반도를 피로 물들이며 계속됐다.

한국전쟁으로 수많은 사람이 삶의 터전과 목숨을 잃었다. 남자들은 총을 들고 전선으로 가야 했고, 집에 남아 있는 아녀자들은 전쟁의 포화 속에서 어떻게든 목숨을 부지해야 했다. 언제 어디서 어떻게 죽을지, 한 치 앞도 가늠하지 못한 채 가슴을 졸여야 하는 상황의 연속이었다. 3년 넘게 이어진 전쟁으로 말미암아 우리 민족이 치른 대가는 너무나 혹독

했고, 그 깊은 상처는 60년이 지난 지금도 아물지 않은 채 분단의 고통이 계속되고 있다.

그 당시의 상황을 현재까지 발표된 자료들을 종합해서 재구성해보면 다음과 같다.

6월 27일 새벽 2시, 인적이 끊어진 서울역에 이승만 대통령이 도착해 대전행 특별열차에 몸을 실었다. 이 대통령이 무사히 서울을 빠져나간 것을 확인한 새벽 3시에 비상 국무회의가 열렸고, 수도를 수원으로 옮기기로 결의했다. 새벽 4시에는 비상 국회가 열렸고(의원 210명 중 174명 참석) 만장일치로 수도 사수를 결의했다. 새벽 5시, 육군본부의 긴급 참모회의에서는 '정부나 국회는 후퇴해도 국군만은 최후까지 서울을 사수한다'고 결의했다. 오전 8시, 인민군은 의정부를 지나 창동까지 진입했지만, 정부에서는 이 사실을 시민들에게 알리지 않았다.

같은 날 오후 10시 중앙방송KBS에서 이 대통령의 목소리가 흘러나왔다. '유엔에서 우리를 도와 싸우기로 작정하고, 이 침략을 물리치기 위해 공중으로 군기·군물을 날라와서 우리를 도울 테니, 국민들은 당분간 고생이 되더라도 굳게 참고 있으면 적을 물리칠 수 있을 것이므로 안심하라'는 내용이었다(《민족의 증언 1》, 중앙일보사). 이 방송은 대전에서 전화한 것을 녹음한 것이었지만, 서울 시민들은 그 사실을 알 리 없었다.

중앙방송에서는 이 대통령의 전화 녹음뿐 아니라 "국민 여러분, 안심하십시오. 적을 서울 교외에서 소탕해 궤멸시켰습니다. 서울이 안정됐으니 돌아오십시오. 안전합니다"라는 방송을 계속 내보냈다.[20]

그리고 네 시간여 후인 28일 새벽 2시 30분, 한강 인도교와 경부선 철교, 경인선 철교가 폭파되었다. 인민군이 한강 인도교에 도착하기 여섯 시간 전이었다. 당시 한강 다리를 폭파하는 과정에서 다리를 건너던 수많은 피난민(최소 500명, 최대 4천 명 추정)이 사망했다. 한강 다리가 끊어져 피난가지 못하고 서울에 남아 있던 박목월 시인의 아들 박동규 교수는 당시 상황을 다음과 같이 회상했다.

> 한강 다리가 끊어지던 날 우리 가족은 한강변 원효로 전차 종점에 살고 있었다. 27일 밤(28일 새벽) 온 하늘이 환하게 밝아지더니 한순간에 꽝 하는 소리가 들렸다. 한강 다리가 끊어진 것이다. 우리집 앞 도로에는 한강을 건너지 못한 사람들이 마치 데모하듯이 이리저리 밀려다니고 있었다. 다음 날 아버지는 우리 가족을 방 안에 모으시더니 "국군이 후퇴를 하지만 곧 서울로 돌아올 테니, 아버지는 국군을 따라 내려갔다가 삼사일 후면 집에 올 수 있을 것이다" 하시면서 내 머리를 쓰다듬으며 "어머니 말 잘 듣고 기다려라" 하고 나가셨다. 아버지만 남쪽으로 가버린 것이다.
>
> _ 박동규, 〈파란 하늘 아래서 자두를 팔던 어느 날〉, 《월간미술》 1998년 6월호

한강을 건널 수 있는 유일한 다리였던 인도교가 폭파되자, 정부의 방송과 발표를 믿고 피난가지 않은 수많은 서울 시민과, 한강 이북에 있던 국군 5개 사단과 지원부대의 국군장병 7만여 명, 차량 1,318대를 비롯한 무기와 식량이 고립되었다.

당시 〈연합신문〉에 '멍텅구리'라는 제목으로 만화를 연재하던 김성환 화백(훗날 '고바우 영감' 연재)도 피난을 가지 못하고 원남동 부근 친지 집에 머물고 있었다. 그가 어느 날 낙오된 국군병사를 발견했다.

날씨는 더욱 어두워지고 비는 오는데, 이미 돈암동 길은 혜화동 방면으로 몰려가는 피난민으로 아수라장이 되어 있었다. 친지 댁에 닿아서 방 하나에 온 식구가 쪼그리고 드러누워 잠이 오는 둥 마는 둥 졸고 있는데, 돌연히 천지를 뒤흔드는 대폭발음이 나는 것이다. 나중에 알았지만

이응로, 〈한강 도강〉, 종이에 수묵담채, 34×96cm, 1953년, 개인 소장.

그것이 한강 다리를 폭파시키는 소리였다. (……) 6월 28일 10시경, 소총 소리가 잠잠해져 집 둘레의 웅성웅성 소리가 나는 곳으로 가본즉 낙오된 군인 6~7명이 사색이 되어 어쩔 줄을 모르고 있었다. 동리 청년 하나가 사태가 이렇게 됐으니 어서 사복으로 갈아입고 한강 쪽으로 가보라고 의견을 냈다.

_ 김성환, 〈40년 만에 공개하는 김성환의 6·25 스케치〉,

《월간미술》 1991년 6월호

한강 다리가 끊어지자 국군과 민간인들은 배를 타고 한강을 건너기 위해 나루터가 있는 마포 하중리, 광나루 나루터, 한남동과 서빙고 도선장 등으로 몰려와 필사의 탈출을 감행했다. 당연히 군인이 먼저였으므로, 민간인들은 강변에서 목재를 모아 뗏목을 만들어서 건너다 참변을 당하기도 했다. 그러나 이런 식의 도강도 불과 하루이틀, 인민군이 나루터를 장악한 후에는 광나루 상류에서 깊은 밤 어둠을 틈타 목숨을 걸고 강을 건너야 했다.

이응로의 〈한강 도강〉은 한강 다리가 끊어져 나루터에서 배를 타고 건너가려고 하는 당시 상황을 그린 작품이다. 이응로도 피난을 가지 못하고 나루터에서 배를 기다리다가 이 작품을 그렸다.

대통령의 방송을 믿고 피난가지 않은 대부분의 사람들은 공산치하에서 혹독한 곤욕을 치러야 했다. 식량 배급을 받아 목숨을 부지하려면 어쩔 수 없이 인민군에 협조해야 했다. 그러나 서울을 수복한 정부는, 그

이응로 李應魯, 1904~1989

충남 홍성 출신으로 해강海岡 김규진金圭鎭에게 서화를 배웠다. 1924년 조선미술전람회에서 〈청죽〉으로 입선하면서 화단에 나왔다. 1935년 일본으로 건너가 가와바타 미술학교를 졸업했다. 해방 후 김영기·장우성 등과 함께 '단구檀丘 미술원'을 조직해, 식민 잔재에서 벗어나 새로운 한국 회화를 개척하기 위해 노력했다. 1948년부터 홍익대학, 서라벌예술대학 등에서 교편을 잡았으나 1958년 파리에 정착해 작품활동을 했다. 아들이 북한에 살아 있다는 소식을 듣고 방북했다가 동백림 사건에 연루(1967), 강제 소환되어 옥고를 치르고 1969년 사면되었다. 그 후 다시는 조국 땅을 밟지 못한 채 1989년 세상을 떠났다.

김성환, 〈1950년 6월 30일, 원남동 서울대 의과대학 뒷마당〉, 종이에 채색. "서울대 의대 뒷문은 철창 사이가 넓어서 속이 훤히 보인다. 경사가 진 안쪽 길엔 한눈에 군인으로 보이는 젊은이들의 시신이 10여 구 누워 있었다. 이 병원에서 치료받던 부상병을 내다버려서 절명한 것인지 고의로 사살한 것인지는 알 길이 없지만 모두 다 총상에 의한 시신임에 틀림없었다." _ 김성환, 작가노트, 앞의 책

김성환, 〈1950년 9월 15일, 독립문에서의 의용군 강제 모집〉, 종이에 펜 스케치. "인민군 치하에서 한 달 넘게 견뎠지만, 시간이 지날수록 어머니와 다섯 살 된 여동생과 젖먹이였던 동생 그리고 나는 배가 고파 견딜 수가 없었다. 어느 날 내 손을 잡으며 '어린 동생 때문에 어떻게 해볼 재주가 없으니 네가 나가서 무엇인가 해보거라' 하면서 손에 몇 푼의 돈을 쥐어주었다. 나는 동네 아이들에게 물었다. 아이들이 세검정에 가서 자두를 받아 팔면 장사가 된다고 했다. 나는 새벽에 일어나 원효로에서 타박타박 걸어 세검정을 넘어가 자루에 자두를 받아 광화문까지 나와서 신문지를 깔고 자두를 한 무더기씩 만들어 팔았다. 파란 하늘에는 비행기를 향해 쏘아올린 고사포 포탄 흔적이 목화송이처럼 피어 있었고, 팔리지 않는 자두 위에는 배고파 원효로 언덕에 쪼그리고 앉아 있던 여동생의 얼굴이 묻어 있었다." _박동규, 앞의 책

김성환, 〈1950년 9월 28일, 혜화동 로터리의 포로들〉, 종이에 채색. "북한군의 최후 방위선이었던 혜화동 교차로에 모래포대가 산처럼 쌓여 있다. 상의를 벗은 포로들이 3열 대열로 서 있고, 수십 구의 사체가 뒹구는 화단에 군인들이 앉아 휴식을 취하고 있다." _김성환, 작가노트, 앞의 책

구본웅, 〈깨어진 충무로〉, 종이에 스케치, 1950년. "을지로 입구부터 을지로6가까지가 모두 허허벌판이었어요. 을지로5가에는 목욕탕이 있던 자리에 연통 한 개만 덩그러니 남아 있었고. 남조선노동당 본부가 있던 곳(지금의 상공회의소)은 인민군이 떠나기 전 학살한 양민들의 시신이 그대로 있어 차마 눈뜨고 보기 어려운 광경이었어요." _ 이인숙, 〈나의 6·25〉, 연합뉴스 2010년 3월 22일.

렇게 살아남은 사람들에 대해 부역 심사를 하고 등급을 나눠 처벌했다. 대통령의 '서울 사수' 방송을 믿고 피난을 가지 않은 사람들을, 정부를 믿지 않고 피난간 사람들보다 더 혹독하게 다룬 것이다. 대통령의 말을 믿고 피난가지 않은 것이 죄가 되던 시절이었다.

24

피난살이와
부산 천막학교

    인천상륙 작전의 성공으로 서울을 수복한 국군과 연합군은 10월 19일 평양을 점령한 후 계속 북진해 10월 26일 압록강 부근까지 갔지만, 중공군의 개입으로 다음 해 1월 4일 후퇴해야 했다. 그때 북한의 공산주의에 실망한 사람들이 후퇴하는 국군을 따라 남한으로 내려왔다. 그러나 칼바람이 부는 엄동설한에 제대로 먹지도 못한 채 몇백 리 길을 걷기란 쉬운 일이 아니어서, 남쪽 땅을 밟지 못하고 목숨을 잃은 이가 많았다.
    김원(金源, 1912~1994)의 〈1·4후퇴〉는 당시의 상황을 생생하게 묘사하고 있다. 화폭 오른쪽에, 주저앉아 아이에게 젖을 먹이는 여인과 그 옆에서 배고프다며 우는 아이의 모습은 보는 이의 가슴을 먹먹하게 한다. 그 왼쪽에서 동생 발의 상처 치료를 도와주는 언니의 모습과, 그 광경을 안쓰럽게 바라보는 아버지의 표정, 그리고 그 옆에서 아이를 안은 채 두고 온 고향을 바라보는 여인의 모습에서도 전쟁의 처절함이 느껴진다. 화폭 가운데 할머니에게 기운을 내시라며 손짓하는 어른다운 소년이 보이는데, 어쩌면 화가는 이 소년을 통해 미래에 대한 희망을 표현

김원, 〈1·4후퇴〉, 캔버스에 유채, 37×52cm, 1956년, 개인 소장.

하고 싶었는지도 모른다.

   김원은 평양 출신으로 도쿄 제국대학 서양학과를 졸업했다. 졸업 후에는 함흥과 평양에서 미술교사를 하다가 1947년 월남했다. 그러나 어머니를 평양에 두고 온 이산가족이었기에, 김원진이라는 이름의 끝자를 고향에 남긴다는 의미에서 '김원'이라는 예명으로 활동했고, 평생 분단의 아픔을 안고 살았다.

   인민군과 중공군은 다시 서울을 접수하고 대전까지 내려왔다. 국군을 따라 피난온 북한 사람들과 서울 시민은 계속 남쪽으로 내려가 임시 수도 부산에서 피난 보따리를 풀었다. 전열을 정비한 국군과 연합군이 1951년 3월 15일 서울을 재탈환했지만, 38선 일대의 전선에서는 총성과 포격이 그치지 않았다.

전쟁이 길어지자 정치·경제의 중심은 임시수도인 부산으로 옮겨갔고, 30만 명에 불과하던 부산 인구는 몰려든 피난민으로 100만 명에 이르렀다. 정부는 영도, 초량 등에 피난민수용소를 세웠지만, 수용할 수 있는 인원은 7만 명에 불과했다. 부산의 서민 동네였던 범일동과 중앙동 40계단 주변에 들어서기 시작한 판잣집들은, 밤이슬과 눈비만 겨우 피할 수 있는 정도였다. 그래도 사람들은 계속 몰려들었고, 판잣집은 계속 산 위로 올라갔다. 남자들은 부둣가에 나가 온종일 등짐을 지고, 아낙네들은 함지를 이고 국제시장 부근으로 행상을 나갔다.

전쟁은 아직 끝나지 않았고 고달픈 피난살이도 언제 끝날지 기약이 없었지만, 교육은 피난지에서도 계속됐다. 서울에 있던 대학들이 '전시 연합학교'를 만들어 구덕산 기슭에 가건물을 세우고 피난온 학생들을 대상으로 수업을 시작하자, 중고등학교뿐 아니라 초등학교도 군용 천막을 얻어 교실을 만들었다. "못 입고 못 먹어도 자식은 학교에 보낸다"는 부모들의 교육열이 서울에서 피난온 학교 관계자들과 뜻있는 선생님들의 마음을 움직인 것이다. 전쟁이라는 극한 상황에서도 교육활동은 멈추지 않았다. 그야말로 대단한 교육열이다.

김기창의 〈부산 천막교실〉은 당시 피난지 교육 현장의 모습을 생생하게 보여준다. 교탁도 풍금도 없다. 책상은 고사하고 학생들이 앉을 의자

김기창, 〈부산 천막교실〉, 종이에 수묵담채, 78×93cm, 1952년, 개인 소장.

도 없다. 공책이나 필기도구는 물론이거니와 흙바닥에 깔고 앉을 가마니조차 드물었다. 굶는 사람이 태반이던 시절, 초등학교 천막교실에 무엇을 지원할 수 있었겠는가. 천막 뒤로 보이는 산등성이의 판잣집을 통해 당시 피난민들의 열악한 생활환경을 엿볼 수 있다.

그런 상황에서도 남학생과 여학생 교실은 나뉘어 있으니, 전쟁 중이지만 '남녀칠세부동석'의 유교정신은 철저히 지켜졌던 모양이다. 조선시대의 옛 서당 그림에서 흔히 볼 수 있는 장난꾸러기의 모습이 전혀 보이지 않는 것은, 당시 상황이 어린아이들에게도 그만큼 엄혹했기 때문이리라.

여선생이 손에 들고 있는 것은 특수 가공한 기름종이에 철필로 써서 '가리방'이라고 불리던 등사기로 갱지에 찍어낸 허름한 책이지만, 당시로서는 더없이 소중한 교재였다. 갱지는 잘 찢어졌으므로 두꺼운 합지로 표지를 만들어 조심조심 펼쳐보아야 했다.

〈중앙일보〉는 2010년 12월 8일자 '분수대' 칼럼에서 "미국 트루먼 대통령의 특사였던 필립 제섭 무임소대사의 1950년 기록에, 남한의 초등학교 교실 17,561개가 지붕이 없는 노천교실이었다"고 했다. 물론 이 수치는 부산뿐 아니라 전국의 초등학교 혹은 임시 초등학교의 교실을 합한 것이다. 임시수도 부산뿐 아니라 남한 전체에서 초등교육은 비록 임시학교, 천막교실의 형태로나마 계속되었음을 알 수 있다.

전쟁이 소강상태로 접어들자 서울을 비롯한 도시들은 조금씩 활기를 찾기 시작했지만, 마땅한 일자리가 없으니 대부분 행상을 하거나 길거리에서 좌판을 벌여야 했다. 당시 군용 천막은 길거리 행상들에게도 무척 유용한 물건이었다. 전시라 물품이 귀하던 시절, 그나마 군용 물품들이 흘러나와 유용하게 재활용되곤 했다. 군용 천막뿐 아니라 군인 점퍼, 바지, 허리띠, 심지어는 구두(워커)까지 시중에서 유통되었다. 남대문시장에서는 그런 군용 물품들을 검게 물들여 팔았는데, 시장 한복판에 아주머니들이 재봉틀을 내놓고 사이즈를 줄여줬다.

사람이 조금이라도 많이 지나다니는 길가에는 아낙네들이 과일, 떡, 삶은 계란 등을 광주리나 함지에 담아 팔았다. 수화 김환기가 1952년에

김환기, 〈꽃장수〉, 캔버스에 유채, 45.5×53cm, 1952년, 개인 소장.

그린 〈꽃장수〉는 당시 서민들이 장사하던 모습을 잘 나타낸다. 군용 천막을 지붕으로 만든 손수레에서 꽃을 파는 풍경은 전쟁 속에서도 희망을 잃지 않고 미래를 기다리는 서민들의 마음으로, 과일을 바구니에 담아 손님을 기다리는 여인은 당시 우리들의 어머니 혹은 누이들의 모습으로 읽을 수 있다. 언덕을 향해 근근이 올라가는 버스는 힘겹게 살아가는 사람들에 대한 상징일 것이다.

집에 돈이 조금이라도 남아 있던 사람들은 가게를 차렸다. 부산에 국

김기창, 〈구멍가게〉, 종이에 수묵담채, 55.5×69.5cm, 1952년경, 개인 소장.

제시장이 생긴 것도 이 무렵이고, 각 지방에 있던 재래시장도 다시 문을 열었다. 시장에 점포를 낼 재력이 안 되고, 나이가 들어 시장까지 나갈 근력이 없는 할머니 할아버지들은 동네에 구멍가게를 차렸다. 말 그대로 터가 구멍만 해서 '구멍가게'라고 불렸다.

김기창의 〈구멍가게〉는 할머니가 판잣집처럼 생긴 구멍가게에서 오징어와 사탕 등 술안주와 군것질거리를 팔고 있는 광경을 그린 작품이다. 동생을 업고 온 누나가 신발을 신지 않은 맨발이니, 고무신조차 귀

문신, 〈피난살이〉, 목판화, 33×37cm, 1952년, 개인 소장.

했던 시절임을 알 수 있다. 그러나 이 작품에서 화가가 가장 강조해서 그린 부분은 할머니다.

   김기창이 그린 할머니는 무뚝뚝해 보이고 무표정에 가깝다. 전쟁이 소강상태에 접어들었지만, 그렇다고 끝난 것은 아니었으니 무슨 기뻐할 일이 있었겠는가. 어쩌면 늙은 아들이나 손자가 전쟁터에서 아직 돌아오지 않았을 수도 있으니, 이런저런 생각을 하면서 물끄러미 세상을 바라보는 것인지도 모른다.

판잣집처럼 생겼던 구멍가게는 1960년대로 접어들면서 규모가 조금씩 커지기 시작했다. 연탄, 쌀, 국수 같은 생활필수품을 비롯해 야채와 생선도 팔고 아이들에게 선풍적인 인기를 끈 '삼립' 빵과 과자류도 취급했다.

1950~1960년대의 구멍가게는 가난한 시대를 살아가던 서민들의 애환이 서려 있는 곳이다. 가게 주인이 동네에서 가깝게 알고 지내는 사이라, 당장 돈이 없어도 '월급 나오면 갚겠다'며 외상으로 봉지쌀, 국수, 연탄 등 생필품을 가져올 수 있는 곳이었다. 아버지들이 자식들에게 소주며 담배를 사오라고 심부름을 보낼 수 있는 곳이기도 했다. 가게를 하는 사람 입장에서도, 비록 적은 액수지만 하루하루 물건을 팔아 자식들

한국전쟁으로 인한 인명 손실

	남한	북한	유엔군	중공군	합계
민간인 사망	373,599	406,000			779,599
군인 사망	227,748	294,151	36,813	184,128	742,840
민간인 부상	229,652	1,594,000			1,823,652
군인 부상	717,083	225,949	114,816	715,872	1,773,720
민간인 실종	387,744	680,000			1,067,744
군인 실종	43,572	91,206	6,198	21,836	162,812
소계	1,979,398	3,291,306	157,827	921,836	6,360,267
	(남+북) 5,270,704				

●조성오, 《우리역사 이야기3》, 돌베개, p. 120

공부시키면서 근근이 살아갈 수 있었던 삶의 터전이었다.

전쟁은 많은 사람을 상하게 한다. 군인도 다치고 민간인도 다친다. 한국전쟁 때 남북을 합한 인구는 대략 3천만 명이었다. 그중 500만 명 이상이 희생당했다. 유엔군과 중공군 희생자도 100만 명이 넘었다. 끔찍한 일이다.

조각가 문신의 목판화 〈피난살이〉는 전쟁으로 부상당한 이들이 치료를 받던 병원의 모습을 보여준다. 왼쪽의 사람은 눈을 다쳤고, 침대 위에 앉은 사람은 머리, 그 옆의 아주머니와 침대에 누운 사람은 손을 다쳤다. 피난민 부상자 수용소쯤으로 보인다. 책을 읽어주는 듯 보이는 아주머니는, 교회에서 부상 환자들을 위로하려고 찾아와 성경 한 구절을 읽어주는 것 아닐까. 신학자들에 의하면 "전쟁과 같은 극한 상황은 사람들의 종교성을 한층 증가시킨다"고 한다. 실제로 한국전쟁 후 우리나라의 교회 수는 급속도로 증가했다.

전쟁으로 인해, 그것도 동족간의 피비린내 나는 전쟁으로 수년 동안 고통을 겪은 사람들은 몸과 마음이 모두 피폐해져 있었다. 그래도 그 폐허 위에서 삶은 계속되었다.

25

휴전협정과
포로송환

1952년 12월 2일, 아이젠하워 Dwight David Eisenhower 미국 대통령 당선자가 2박 3일 일정으로 우리나라를 비공식 방문했다. 그가 취임도 하기 전에 한국을 방문한 이유는 "당선되면 즉시 한국을 방문해 한국전쟁을 하루빨리 종식시키겠다"는 선거공약을 지키기 위해서였다. 아이젠하워는 제2차 세계대전 중인 1942년 북아프리카 방면 연합군 사령관, 1943년 유럽연합군 최고사령관으로서 노르망디 상륙작전 등으로 연합군의 승리에 크게 기여했다. 1945년 육군참모총장, 1950년 나토NATO 최고사령관을 거친 오성장군 출신으로, 미국에서는 제2차 세계대전의 영웅으로 불렸다. 그래서 미국 국민들은 아이젠하워가, 미국 군인이 너무 많이 희생되고 있는 한국전쟁을 끝내줄 인물이라고 생각해 그를 대통령으로 뽑아준 것이다.

아이젠하워는 우리나라에 와서 전선을 누비며 미군 지휘관들의 의견을 들었다. 당시 아이젠하워는 백선엽 육군참모총장에게 한국군 전력 증강 계획을 브리핑해달라고 요청했고, 브리핑이 끝난 후 경기도 광주

조덕환, 〈이승만 대통령과 아이젠하워〉, 캔버스에 유채, 91×116.8cm, 1953년, 국립현대미술관 소장.

에 있는 수도사단을 이승만 대통령과 함께 방문했다. 아이젠하워가 수도사단을 방문한 이유는 한국군의 전력을 살펴보기 위해서였다. 그는 휴전을 염두에 두고 있었기 때문에, 휴전 후 한국군의 전력 증강에 관심이 있었던 것이다.

조덕환의 〈이승만 대통령과 아이젠하워〉는, 12월 3일 수도사단에서 양국 정상이 한국군 훈련을 참관하는 모습을 그린 작품이다. 이곳이 어디라는 기록은 없지만, 아이젠하워 방한 기간 중 이승만 대통령과 함께 방문한 곳은 수도사단뿐이었다.

그림에서 이 대통령 뒤에 보이는 한국 장군은 백선엽 참모총장(중장)과 송요찬 수도사단장(소장, 당시 사열 책임자)이다. 그런데 한국 사람이 이 그림을 보면 기운이 빠진다. 아이젠하워는 현직 대통령이 아니라 당선자 신분인데 책상 앞에 앉았고, 이 대통령은 그 왼쪽에 책상도 없이 앉아 있다. 한국에서, 한국 대통령이, 한국 군대인 수도사단을 방문한 것인데도 그렇다. 참으로 무례하고도 황당한 풍경이 아닐 수 없다. (이 그림과 비슷한 사진에도 아이젠하워 혼자 책상 앞에 앉아 있다.)

그러나 이 무례는 당시 이승만 대통령의 막무가내적인 '휴전 결사반대, 북진통일' 주장에 대한 곱지 않은 감정이 드러난 것일 수도 있다. 실제로 아이젠하워는 10만 시민이 모인 환영식에도 참석하지 않았다. 경무대에서 만찬을 준비했다고 청했을 때도 처음에는 거절했다. 표면적으로는 비공식 방문이기 때문이라고 했지만, 이 대통령에 대한 불만을 우회적으로 표시한 것이라고 할 수 있다. 당시 상황에 대해 백선엽 전 육군참모총장도 "아이젠하워 당선자는 휴전회담에만 관심이 있었다"고 회고했다.

돌이켜보건대 이 대통령은 휴전회담을 시작한 미국의 해리 트루먼 대통령 정부가 물러나고 새로 들어설 아이젠하워 대통령에게 나름대로 기대를 했던 것 같다. 제2차 세계대전의 최고 영웅 출신 대통령이 한국전쟁을 전임자와는 다른 각도에서 펼쳐갈 것으로 기대했을 수도 있다. 휴전이 아닌, 대한민국을 지원해 한반도에서 공산군을 몰아내는 방향으로 말이다. 그러나 아이젠하워는 비록 군인 출신이지만 한국전쟁을 하루빨리 끝내라는 미국 국민의 여망을 등에 업고 대통령에 당선된 인물이었다. 모두 나

변월룡, 〈1953년 9월의 판문점 휴전회담장〉, 캔버스에 유채, 29×48cm, 1953년, 유족 소장.

중에 확인한 사실이지만, 아이젠하워 행정부 또한 확전에 관심이 전혀 없었다. 대통령선거 때의 공약대로 아주 단순한 목표를 향해 움직이고 있었던 것이다. 그 목표는 휴전회담을 하루빨리 성사시킨다는 것이었다.

_ 백선엽, 〈6·25전쟁 60년〉 240회, 〈중앙일보〉 2010년 12월 29일

그렇다면 휴전을 주장한 미국과 북진통일을 고집한 이승만 대통령, 어느 쪽이 옳았을까? 평가는 역사에 맡긴다고 하더라도, 휴전이 지연되는 과정에서 벌어진 크고 작은 전투와 그로 인해 목숨을 잃은 국군과

미군들의 죽음은 의미가 있는 희생이었을까?

1953년 7월 27일 오전 10시, 판문점에서 휴전협정이 체결됐다. 협정문의 정식 명칭은 '국제연합군 총사령관을 일방으로 하고 조선민주주의인민공화국 최고사령관 및 중공인민지원군 사령원을 다른 일방으로 하는 한국 군사정전에 관한 협정'이다. 한국어·영어·중국어로 작성된 협정문은, 클라크Mark W. Clark 유엔군 사령관(미군 대장)을 대리해서 유엔군 측 수석대표 해리슨 미 육군 중장이 그리고 김일성 북한군 최고사령관과 펑더화이彭德懷 중공인민지원군 사령관을 대리해서 공산 측 수석대표 남일 북한군 대장이 서명했다. 이승만 대통령은 '북진통일'이 아닌 휴전에는 찬성할 수 없다며 휴전협정 당사자가 되기를 거부했다.

10시 12분, 협정문서 9통과 부본 9통에 대한 서명이 끝나자 양쪽의 선임장교가 상대방에게 건네줬다. 클라크 유엔군 사령관은 오후 1시 문산 유엔군 기지에서 서명을 했고, 김일성은 오후 10시 평양에서, 펑더화이는 다음 날 오전 9시 30분 개성에서 서명했다.

7월 27일 오후 10시를 기해 전선에서는 일제히 총소리가 멈췄다. 3년 1개월 2일, 1,129일 동안 계속된 동족상잔의 비극이 남북한의 많은 도시를 폐허로 만들고, 막대한 인명 피해를 낸 뒤 아무런 성과도 없이 막을 내린 것이다.

휴전협정에 따라 비무장지대와 군사분계선이 만들어졌다. 휴전협정을 감독하기 위한 군사정전위원회 본부가 판문점에 설치되고, 스위스·스웨덴·체코슬로바키아·폴란드로 구성된 중립국 감시위원단도 조직되었다.

휴전 후 마무리해야 할 한 가지 문제가 남아 있었는데, 양측이 1953년 8월 5일부터 9월 6일 사이에 실행하기로 한 포로 교환(송환)이었다. 포로 교환 문제는 휴전협정이 오래 지연된 원인 중 하나였다. 사실 양측 모두 포로 교환이 문제가 되리라고는 예상하지 못했다. 그런데 2만 명에 가까운 중공군 포로 중 상당수가 장제스蔣介石의 국부군 출신인데 대부분 송환을 거부했고, 15만 명의 인민군 포로 중에서도 강제 징집된 의용군과 남한에 남기를 원하는 포로들은 북한으로 송환되기를 거부했다.

이런 이유 때문에 거제도 포로수용소에서는 북한으로 돌아가야 한다는 친공 포로들이 남한에 남겠다는 반공 포로를 수용소 내의 인민재판에 회부해 살해하는 일이 수시로 발생했다. 360만 평에 달하는 거제도 포로수용소에는 최대 17만 명까지 수용되어 있었다. 그래서 고현·상동·용산·양정·수월·해명·저산 지구로 나눠 막사를 설치했지만, 골수 공산주의자들이 장악해 '모스크바'라고 불리는 곳에는 김일성과 스탈린 초상화가 철조망 곳곳에 걸리기도 했다. 1952년 5월 7일에는 준장인 프랜시스 도드Francis Dodd 수용소장이 친공 포로들에게 붙잡혀 그들의 막사로 끌려가는 일이 발생할 정도로 통제가 어려운 상황이었다.

포로 문제는 남북 모두 간단치 않았던 듯, 1953년 4월 20일부터 5월 3일 사이 판문점에서 부상병을 포함한 포로 일부를 교환했다. 그리고 여러 차례의 협상 끝에 같은 해 6월 8일 포로송환협정을 맺어, 귀국을 원하는 포로는 휴전 후 60일 내에 송환하기로 했다. 1953년 8월 5일부터 9월 6일 사이에 우선 송환 희망자 95,000여 명을 판문점에서 송환하

변월룡, 〈판문점에서의 북한 포로 송환〉, 캔버스에 유채, 51×71cm, 1953년, 유족 소장.

고, 송환 거부 포로 22,000여 명은 중립국 송환위원회에 넘겨 자유의사에 따라 행선지를 결정하게 한다는 내용이었다.

그러나 이승만 대통령은 반공 포로들을 북한으로 보낼 수 없다면서, 6월 18일 새벽에 영천·대구·논산·마산·부산·거제도 등 7개 수용소에 있던 반공 포로 27,000여 명을 석방했다. 이에 북한에서는 포로들을 재수용하라고 요구했고, 휴전협상은 다시 난관에 봉착했다. 결국 미국은 이승만 대통령에게 한미상호방위조약을 체결하고 경제 원조, 한국군

증강 등에 협조하겠다고 약속한 후, 미국 주도로 협상을 진행해 휴전협정 체결을 이끌어낸 것이다.

1953년 8월 5일부터 포로 교환이 시작되었다. 국군 포로들은 기차를 타고 판문점에 도착했고, 인민군 포로들은 기차로 또는 (거제도에서) 배를 타고 인천에 온 후 다시 기차로 갈아타고 판문점에 도착했다. 국방부 통계에 의하면, 당시 송환된 국군 포로는 13,469명이다. 북한이 전쟁 중 국군 포로가 최소 5만~8만 명 있다고 발표한 것에 비하면 턱없이 부족한 수였지만, 미국과 북한은 하루라도 빨리 휴전을 성립시키기 위해 서둘렀고, 이승만 대통령은 휴전협정을 반대만 했기 때문에 국군 포로 문제는 아예 챙기지 않았다. 당시 이 대통령의 이런 태도는 미송환 국군 포로가 발생하는 하나의 이유가 되었고, 1997년 국방부는 행방불명 신고와 병적부 확인을 통해, 한국전쟁 참전 행방불명자(실종자)가 19,409명이라고 공식 발표했다.

〈1953년 9월의 판문점 휴전회담장〉과 〈판문점에서의 북한 포로 송환〉은 변월룡이 당시 판문점에 가서 그린 작품이다. 작품 제목을 통해 그가 포로 송환 장면을 그린 시기가 9월이었음을 알 수 있다. 그런데 그림을 자세히 보면 인민군 포로들이 윗도리를 입지 않고 있다. 판문점역을 지나 포로 교환 장소로 오는 트럭에서 "미국놈들이 준 옷을 입고 조국으로 갈 수 없다"며 속옷만 남기고 모두 벗어서 길에 버렸기 때문이다. 트럭에서 옷을 찢는 사진과 포로 교환 당시 미군에게 욕을 하는 사진들이 남아 있지만, 그림으로 당시 상황을 알려주는 작품은 변월룡의 〈판문점에서의 북한 포로 송환〉이 유일하다.

남북한 포로 교환이 끝난 후에도 판문점에는 인민군 포로 73명과 국군 포로 2명이 남아 있었다. 남도 북도 택하지 않은, 이른바 '중립국행' 포로였다. 최인훈의 소설《광장》의 주인공 이명준도 그중 한 명이었다. 그들이 중립국으로 떠나지 못하고 판문점에 남아 있는 이유는, 그들을 받아주겠다는 중립국이 나타나지 않았기 때문이었다. 그러나 그들이 계속 판문점에 머물 수는 없는 일, 인도가 일시 체류를 조건으로 받아들이기로 했다. 그들은 인천에서 배를 타고 홍콩을 거쳐 인도로 갔다. 물론 이명준은 가공의 인물이고, 그처럼 자살한 사람은 없다. 인도에서 그들을 받아줄 나라를 기다리는 사이 북한 대사관의 설득으로 두 사람이 북한으로 갔다. 2년 후 그들을 받아준 나라는 브라질과 아르헨티나였고, 그들은 배를 타고 떠났다. 한 명은 인도에 남아 정착했다.

중립국행 포로들이 그렇게 제3국에 정착함으로써 한국전쟁에서 포로 문제는 완전히 매듭지어진 것처럼 보였다. 그러나 아니었다. 1994년 조창호 중위(한국전쟁 당시 계급)가 국군 포로로는 처음으로 탈북에 성공해 귀환함으로써, 포로 교환 때 남한으로 오지 못하고 북한에 남겨진 국군 포로가 존재한다는 사실이 세상에 알려졌다. 북한에서는 미송환 국군 포로의 존재를 부인했지만, 2010년까지 총 79명의 국군 포로가 탈북해서 남한으로 왔다. 그리고 아직도 북한에 500명 이상의 국군 포로가 생존해 있는 것으로 추정된다. 한국전쟁이 남긴 상처는 현재진행형이다.

변월룡 1916~1990

안중근 의사의 의병 활동지였던 러시아 블라디보스토크에서 태어나 한인학교를 다닌 후, 1937년 스베르들로프스크 미술학교에 입학한 동포 3세다. 1937년 스탈린의 조선인 강제 이주 정책으로 가족이 타슈켄트로 이주했지만, 그는 계속 학교 기숙사에 머물며 미술공부를 한 후 소련 최고의 미술대학인 레핀 미술대학교에 입학해 1947년 졸업했다. 1950년 레핀 미술대학교 조교수에 임명되었고, 1951년 소련 전체에 30명으로 제한되어 있는 미술학 박사학위를 취득했다. 고려인뿐만 아니라 한국 미술사를 통틀어 1호 미술학 박사학위로 추정된다.

1953년 레핀 미술대학교 부교수에 임명된 변월룡은, 1953년 6월 소련 문화성의 추천으로 북한에 파견되었다. 그는 북한 교육·문화성 산하 평양미술대학 고문으로서 북한의 화가·문인들과 활발히 교유했다. 소련으로 돌아온 후에도 1960년대 초반까지 북한의 지인들과 편지 왕래를 계속했고, 1985년까지 35년 동안 레핀 미술대학교 교수로 재직한 후 은퇴했다. 그가 북한 체류 당시 그린 작품들과 북한 친구들로부터 받은 편지들은 유족에 의해 보존되었다.

변월룡의 존재를 발굴하고 국내에 소개한 이는 미술평론가이자 전시기획자인 문영대 전 영남대 교수다(현재는 변월룡 미술연구소 소장). 그는 1994년 러시아 유학 중 변월룡의 존재를 확인한 후 유족과 접촉하기 시작했다. 하지만 유족은 남한에서 온 그를 경계해서 작품 공개는 고사하고 만나주지도 않았다. 그런 박대에도 불구하고 문영대는 계속 유족을 설득했고, 4년 만에 미망인의 허락을 얻어 변월룡의 작품과 북한에서 온 편지들을 볼 수 있었다.

변월룡이 남긴 그림과 자료 그리고 그의 생애를 취재해 국내로 돌아온 문영대는 국어학자 김

경희 교수와 공저로 《러시아 한인 화가 변월룡과 북한에서 온 편지》(도서출판 문화가족, 2004)를 출판했고, 이로써 변월룡의 존재와 작품이 우리나라에 알려졌다.

변월룡의 작품은 국립 러시아 미술관과 트레치야코프 갤러리, 러시아 중앙도서관, 상트페테르부르크시 국립박물관 등에 소장돼 있다. 현재 그의 자녀 세르게이와 올랴가 화가로 활동하고 있다. 그의 작품과 자료들을 보관해온 미망인은 2006년 세상을 떠났다. 267~268쪽의 작품들은 변월룡이 그린 1953~1954년의 북한 풍경이다.

〈평양의 대동문〉(267쪽), 〈대동강변의 여인들〉(268쪽).

26

전쟁이 남긴 상처들, 그리고 재건

 이산가족 문제는 한국전쟁이 남긴 최대의 비극 가운데 하나다. 이산가족이 몇 명쯤 되는지는 정확히 알기 어렵다. 여러 자료를 종합해볼 때, 북한에서 남한으로 내려온 피난민이 최소 100만에서 최대 300만 명, 월북한 사람이 100만 명 미만일 것으로 추정된다. 〈한겨레〉는 2000년 9월 14일자 기사에서, 1996년 현재 1세대 123만 명, 2·3세대를 포함해 767만여 명으로 추산된다고 보도했다.

 한국전쟁 당시 부산 범일동에 대규모 피난민촌이 형성되었다. 그래서 부산에서 만날 약속을 하고 헤어졌던 이산가족들은 혹시라도 가족의 소식을 아는 동향 사람을 만날 수 있을까 싶어 퇴근 무렵이면 범일동 입구를 서성거렸다. 남편을 군대에 보내고 피난온 여인들은 행여 남편이 찾아올까 싶어 아이를 업고 밖에 나와 기다렸다. 당시 범일동은 그런 사람들이 모여 사는 곳이었고, 그래서 그들은 전쟁이 끝난 후에도 오랫동안 범일동을 떠나지 못했다.

 박고석(朴古石, 1917~2002)은 평양에서 내려온 화가였기에 피난민과

박고석, 〈범일동 풍경〉, 캔버스에 유채, 41×53cm, 1953년, 국립현대미술관 소장.

이산가족의 심정을 누구보다 잘 알았고, 그래서 그들의 삶을 절절하게 그려낼 수 있었다. 보는 사람들의 가슴에 깊은 울림을 주는 〈범일동 풍경〉은 박고석의 대표작 중 하나다.

  범일동 피난민촌에 살면서 북한에서 내려올 가족을 기다리다 지친 사람들은, 전쟁이 끝나고 얼마 후 서울의 남산 아래 용산2가동에 형성된 피난민촌인 해방촌으로 하나둘 떠났다. 그곳에 가면 헤어진 가족을 만나거나 아니면 새로운 소식이라도 들을 수 있을 것이라는 희망을 품고 서울행 기차를 탔다. 그러나 해방촌에 가서도 가족을 만나지 못한 사람이 많았고, 그들 중 아직 생존해 있는 사람들은 오늘도 북쪽의 가족을 그리워하며 상봉의 그날을 손꼽아 기다리고 있다.

한국전쟁이 남긴 또 하나의 비극은 전쟁미망인들이었다. 남한에서만 10만여 명이 전쟁으로 남편을 잃고 혼자되었다. 다행히 친정에서 도움을 받을 수 있는 사람들은 양품점이나 음식점을 열 수 있었지만, 형편이 여의치 못하면 바느질이나 재봉, 행상, 식모살이 등 힘겨운 노동으로 생계를 유지해야 했다. 기술도 없고 교육도 받지 못한 전쟁미망인들 중 일부는 양공주 같은 윤락여성이 되기도 했다.

한국전쟁에 참가했던 미군과 미국 정부의 구호물자가 우리 사회에 끼친 영향도 컸다. 미국 원조품이었던 분유와 밀가루의 배급은 "미제라면 양잿물도 마신다"는 유행어를 만들어냈다. 부산 국제시장에는 미군부대에서 불법으로 유출된 미제 물건 시장이 형성되었고, 전쟁이 끝난 후에는 서울의 남대문과 동대문 시장에도 미제 물건을 취급하는 곳이 생겼다. 단속반이 나타나면 물건들이 순식간에 자취를 감췄다가도 손님이 찾으면 어디선가 꺼내와서 '도깨비시장'이라는 별명이 붙기도 했다.

미군부대에서 남은 음식으로 만든 '꿀꿀이죽'이 인기를 끌었고, 이는 훗날 부대찌개로 발전했다. 아스피린과 테라마이신 같은 약품도 미군부대를 통해 흘러나왔다. 원조 물자 중에는 이, 벼룩, 빈대를 잡는 DDT도 있었다.

이수억(李壽億, 1918~1990)의 〈구두닦이 소년〉은 전쟁이 끝난 1953년 우리나라의 모습이 고스란히 담겨 있는 작품이다. 배경의 파괴된 건물, 화폭 왼쪽의 상이군인과 행상하는 소녀, 구두를 닦는 미군과 그 옆에 서

이수억, 〈구두닦이 소년〉, 캔버스에 유채, 116.8×80.3cm, 1953년, 유족 소장.

있는 여인(양공주)들, 그리고 무표정하게 앞을 응시하고 있는 구두닦이 소년은 전쟁이 남긴 우리의 모습이었다.

당시 구두닦이 소년 중에는, 전쟁 중에 부모가 사망하거나 피난 내려올 때 부모와 헤어진 전쟁고아가 많았다. 그들 중 일부는 떼를 지어 다니며 밥을 구걸하는 거지가 되었고, 또 다른 일부는 스스로 돈을 벌겠다고 구두통을 둘러메고 미군들에게 "슈샤인!"을 외쳤다. 불행한 시대를 탓하기보다는 스스로 삶을 개척하겠다는 '꿈'을 품은 고아들이었다.

그림 속 주인공 소년의 크고 맑은 눈과 구둣솔을 움켜쥔 손에서 어떻게 해서든 살아남겠다는 꿋꿋함이 느껴진다. 소년의 뒤에서 미군의 구두를 닦는 또 다른 소년의 빠른 손놀림에서도 삶의 의지가 묻어나고, 무거운 통을 들고 행상에 나선 소녀의 모습에서는 안쓰러움과 함께 대견함이 느껴진다.

이수억은 함경남도 함주 출생으로, 도쿄 제국미술학교에서 서양화를 전공했다. 한국전쟁 때 국군 종군화가로 일했기 때문에 전쟁의 참상을 누구보다 잘 알았고, 그래서 〈구두닦이 소년〉을 비롯해 폭격으로 폐허가 된 서울 시내를 그린 〈폐허의 서울〉 등 한국전쟁 당시의 생생한 모습이 담긴 작품을 여러 점 남겼다.

부산으로 피난갔다 휴전 후 서울로 돌아온 사람들은 폐허가 된 집터를 바라보며 망연자실했다. 한국전쟁으로 인한 서울의 피해는 엄청났다. 정부의 통계자료에 의하면, 서울 시민 중 남쪽으로 피난을 떠난 사람은 1,117,000명으로, 전쟁 전 서울 인구 1,700,000명의 66퍼센트였다. 서울에 남아 있던 시민 가운데 28,000명이 사망하고 36,000명이 행

이응로, 〈재건 현장〉, 종이에 수묵담채, 43×52cm, 1954년, 개인 소장.

방불명, 20,700명이 납치되었다. 그야말로 폐허였다.

그러나 목숨이 붙어 있는 사람은 또 어떻게든 살아남아야 했고, 무엇을 하든 새로 출발해야 했다. 이응로가 그린 〈재건 현장〉은 전쟁이 끝나고 1년 후에도 여전히 남아 있던 부서진 건물을 복구하는 모습을 담고 있다. 서울시역사박물관 자료에 의하면, 한국전쟁으로 서울에 있던

190,000호의 주택 중 55,000호가 파손되었다. 노산 이은상은 〈슬픈 역사〉라는 시에서 이렇게 슬픔을 토로했다.

> 종로 네거리에는 사람은 하나 없고
> 불탄 집들만 우뚝우뚝 남아 있구나
> 무너진 벽돌무더기
> 나는 차마 못 지날레
> 조약돌 기왓장이
> 서로 베고 누웠는데
> 지는 해 넘는 별이
> 넘은 숨을 헐떡인다
> 한 시대 슬픈 역사를
> 여기 와서 읽고 가시오.
>
> _ 이은상, 〈슬픈 역사〉 부분

무너진 것은 집뿐만이 아니었다. 해방 후 조금씩 기반을 잡아가던 남한의 산업 시설은 한국전쟁을 겪으면서 거의 파괴되었다. 그러나 휴전이 되고 부산으로 피난갔던 정부가 서울로 돌아오면서 무너진 집과 건물, 공장을 다시 세우는 '재건' 작업이 활발하게 진행되었다. 〈동아일보〉 1954년 1월 5일자는 '남대문시장 등 재건'이라는 제목으로 "서울시에서는 6·25동란으로 파괴되어 현재 겨우 과거의 면모를 유지하고 있는 남대문, 동대문, 오장동 시장 등 시내 3대 시장을 재건하기로 되었는데, 그중 남대문시장은 이달 중으로 공사에 착수할 예정이라고 한다. 그리고 오장동시장이 아직 인가가 나지 않고 있으나 사실상 서울 시내에서 3대 시장인 만큼 곧 인가할 뿐 아니라 현대식 시장화할 방침이며 무허가 시장에 대해서도 시장의 보호 육성을 위하여 임시 허가라도 할 것을 고려하고 있다고 한다"고 보도했다.

시장 재건을 시작으로 서울에는 '재건바람'이 불었다. 1월 14일에는 창경궁(당시 창경원) 동물원 재건위원회가 발족되었고, 학교 재건도 활발하게 진행되었다. 신문들은 매일 재건 관련 기사를 실었다. 국무회의에서도 재건 계획을 장시간 토의했다는 기사가 계속 보도되었다. 당시 언론 보도를 보면 하루에도 몇 건씩 '재건'이라는 단어가 포함된 기사 제목이 보인다.

당시 서울시 통계에 의하면, 휴전 후 서울 인구는 1년에 20만 명 이상씩 증가했고, 주택 부족 현상이 나타나서 정부에서는 서민들을 위한 '재건주택 5만 호 건설 계획'을 수립했다. 당시 주택 건축 방식에는 정부에서 건축비를 부담한 후 8년 동안 나눠서 갚게 해주는 '재건주택'과 입주자가 건축비를 부담하는 '희망주택' 두 가지가 있었는데, 야심차게 출발했던 재건주택 건설 사업은 예산 부족으로 중단되었다.

〈동아일보〉는 1954년 10월 18일 '재건주택 예산 부족'이라는 제목의 기사에서 "사회부 당국자가 16일 말한 바에 의하면, 예산 부족으로 인하여 연내에는 종전 방침에 의한 재건주택 건설은 무망하다고 한다. 그런데 재건주택 건설은 건설비 자재비 등 건축에 소요되는 일체의 비용을 정부에서 부담하고 입주자로 하여금 8년 연부로 집값을 갚게 하였던 것이다"라며 안타까워했다.

주택뿐만이 아니었다. 전쟁으로 폐허가 된 서울에서 재건 사업은 대부분 예산 부족이라는 벽에 부딪혀 진전을 보지 못했다. 정부는 휴전 이후 미국과 유엔에 원조를 요청했는데, 당시 언론 보도를 보면 다음과 같은 기사 제목이 눈에 띈다. '아이젠하워 대통령 한국 재건을 도와줘야 한다며 예산교서에 적시'(1954. 1. 22) '재건 위해 미 8군서 30만 불 기탁'(1954. 1. 28) '재건 사업비로 미 8군서 원주시에 150만 불'(1954. 2. 8) '미국 포드 사서 한국 농촌 재건에 기여하기 위해 트랙터 20대 기증'(1954. 7. 11)

나라가 가난하니 다른 방법이 없었다. 결국 우리나라는 미국의 원조에 의지해 1955년 주택과 공장 시설물 복구를 거의 완료했고, 우리 경제는 비로소 복구에서 발전으로 방향을 전환했다.

27

근대에서
현대로!

    전쟁으로 인해 폐허가 된 서울의 건물과 산업 시설이 어느 정도 복구되자, 사람들은 돈을 벌기 위해 동분서주했다. 자본주의 사회에서 돈을 만들 수 있는 방법은 농사, 장사, 직장생활 등이다. 그런데 전쟁 후 도시에 사는 남자들이 취직을 하기란 쉽지 않았다. 회사나 공장이 많지 않았기 때문이다. 그래서 아낙네들이 머리에 함지를 이고 행상을 하거나 재래시장에 나가 좌판을 벌이거나 작은 가게 터를 얻어 장사를 했다.

    최근에는 백화점과 대형 할인점에 상권을 빼앗기고 겨우 명맥을 이어가고 있지만, 재래시장은 한국전쟁 이후 약 30여 년 동안 전국민의 수요를 충족시킬 정도로 우리나라 유통 경제에서 중추적인 기능을 담당했다.

    독일계 미국 화가 윌리 세일러Willy Seiler가 그린 〈빈틈없는 계산〉(280쪽)은 1950년대 우리나라 재래시장의 광경이 섬세하게 묘사된 작품이다. 이 그림의 배경은 소금가게다. 소금은 우리 식생활에 필수적인 품목이기 때문에 5일장이나 재래시장에서 소금을 취급하던 사람들은 대개 많은 부를 축적한 부자들이었다. 그들은 축적한 자본으로 소금을 대량으로 사들여 박리다매로 팔았기 때문에, 영세한 상인들로서는 감히 경쟁할 엄두도 내지 못했다. 소금장수들은 이런 독점적 위치를 이용해 폭리를 취하거나 제때 소금을 공급하지 않는 등 횡포를 부리기도 했다.

금반지를 낀 손에서 부유함이 묻어나는 아주머니는 주인인 듯, 장사는 일꾼들에게 맡기고 느긋하게 담배를 피우며 짙은 초록색 전대에 손을 넣어 돈을 세고 있다. 그 뒤로 보이는 종업원들의 모습에서는 당시 고달픈 삶의 풍경을 엿볼 수 있다. 이발하기도 쉽지 않던 시절이라 머리를 짧게 깎았고 장갑도 귀해서 맨 손으로 소금을 퍼내고 있다.

당시 유행하던 애교머리를 하고 장을 보러 나온 새댁과 돈을 받는 종업원 아주머니의 모습에서 당시의 빈부차이를 볼 수 있다. 돈이 귀하던 시절이어서 그런지 손님이 낸 돈을 바라보는 다른 두 아주머니의 표정이 절묘하다. 아니, 이렇게 많은 지폐를 건네는 혹은 큰돈을 내고 거스름돈을 받는 새댁이 부러웠을 것이다. 당시 종업원들의 월급은 형편없었다. 그래서 전차비나 버스비를 아끼려고 웬만한 거리는 대개 걸어다녔다. 그렇게 아낀 돈으로 먹을거리를 사야만 하루하루의 삶을 이어갈 수 있었다. 삶의 질이 아니라 생존을 위해 일을 하고 돈을 벌어야 했던 것이다. 우리 역사에서 1950년대는 그런 시대였다. 희망보다는 절망이, 기쁨보다는 슬픈 일이 많았기에, 여인네들의 삶은 더욱 고달플 수밖에 없었다.

〈악착같은 장사〉(281쪽) 또한 윌리 세일러의 '한국 시리즈' 13점 중 한 작품으로, 재래시장에서 치열하게 장사하는 아낙네들의 모습을 생생하게 포착하고 있다. 오른쪽 아주머니는 허리에 맨 포대기 끈으로 보아,

윌리 세일러, 〈빈틈없는 계산〉, 다색동판, 21×29cm, 1957년, 개인 소장.

아기를 등에 업은 채 장사를 하고 있다. 당시 대부분의 가정이 5~6남매는 보통이고 많으면 7~8남매까지 있었으니, 식구들을 건사하는 일만으로도 여인네들의 삶은 고달팠다. 게다가 남자들이 할 만한 일자리가 많지 않던 시절이라, 아낙네들이 시장에 좌판이라도 벌여 하루 벌어 하루 먹고 사는 경우가 많았다.

 젖가슴을 드러낸 채 장사를 하는 아기엄마의 수심 가득한 표정이 보는 이의 마음을 불편하게 한다. 이렇게 젖가슴이 드러난 여성을 적나라하게 묘사한 것은 당시 가난한 우리나라를 비하하려는 의도가 있었던 것 아니냐고 의문을 가질 수도 있다. 하지만 이 작품은 그런 불순한 의

월리 세일러, 〈악착같은 장사〉, 다색 동판, 21×29cm, 1957년, 개인 소장.

도에 의해서 그려진 것이 아니라 현실을 있는 그대로 표현하려는 리얼리즘의 실현이라고 보아야 할 것이다. 월리 세일러의 다른 한국 소재 작품을 보면, 우리나라를 향한 따뜻한 시선을 느낄 수 있다.

이 아주머니가 판에 담아 파는 작은 생선은, 비린내가 물씬 풍기는 밴댕이(디포리 또는 띠포리라고도 불린다)로 멸치의 한 종류다. 멸치는 행어·정어리·곤어리·운어리 등 네 종류를 통틀어 부르는 이름인데, 밴댕이는 곤어리의 일종으로 은빛이 돈다. 그림에서도 은빛을 느낄 수 있으니, 참으로 섬세한 묘사다. 밴댕이는 멸치보다 냄새가 강하지만 국물이 진해, 김치를 담그거나 김치찌개 국물을 내는 데 주로 사용된다.

옆의 아주머니는 1원짜리 지폐를 이 사이에 꽉 물고 있다. 정말 악착같이 돈을 벌고자 하는 의지가 느껴진다. 당시는 하루하루 돈을 벌지 못하면 살아남기 어려운 시절이었고, 그래서 서민들은 죽지 않기 위해 발버둥치며 돈을 벌었다. 미국인 화가의 작품이지만, 그가 남긴 우리나라 서민들의 모습을 통해 당시의 절박하고도 치열한 삶을 엿볼 수 있다.

한국전쟁 전 서울의 인구는 170만 명이었다. 전쟁으로 많은 사람이 피난을 떠난 1951년의 정부 통계는 648,000명으로 43.8퍼센트가 감소했다. 그러나 전쟁이 끝나고 1954년에는 다시 100만 명을 넘어섰고, 1957년에는 167만여 명으로 급증했다. 그런데 전쟁으로 다양한 차원의 인구 뒤섞임 현상이 일어나면서 서울 토박이의 비중이 급격히 줄었다. 1960년 서울 토박이의 비중은 43.5퍼센트로, 다른 도시들의 토박이 비율이 대략 65퍼센트 정도인 것과 비교하면 매우 낮은 수치다. 그만큼

윌리 세일러 Willy Seiler, 1903~?

독일 출신 미국 화가로, 뮌헨에서 미술교육을 받고 1928년부터 2년간 파리에서 공부한 후 45개국을 떠돌며 작품활동을 했다. 제2차 세계대전 종전 직후부터 20여 년간 일본에 거주하면서 주일 미군 사령부에 근무했고, 1956~1960년 세 번에 걸쳐 우리나라를 방문해 13점의 한국 소재 동판화를 남겼다. 워낙 구름처럼 떠돌던 인생이라 정확한 사망 연도는 알려지지 않았다.
그의 '한국 시리즈'에는 재래시장 풍경뿐 아니라 〈낚시꾼 할아버지〉〈마을 이장〉〈한복 입은 미인〉 등 다양한 작품이 있는데, 이중 몇 점은 아이젠하워 미국 대통령이 구입해서 소장했다는 기록이 남아 있다.

김기창, 〈복덕방〉, 종이에 수묵담채, 75×95cm, 1953~1955년경, 개인 소장.

서울로 이사오는 인구가 많았다는 것을 알 수 있다.

　서울로 유입되는 인구가 점점 많아지면서 복덕방이 우후죽순으로 생겨났다. 동네 어귀에는 어김없이 복덕방 간판이 있었다. 모시적삼을 입은 동네 어르신들이 장기나 바둑을 두며 "한 수 물러라" "싫다"고 옥신각신하다가도, 손님이 오면 '복덕방'이라고 쓰인 포렴布簾을 들치고 가게 안으로 데리고 들어가 용도에 맞는 물건을 설명하고, 헛기침을 하면서 앞장섰다. 그렇게 동네를 한바퀴 돌며 여러 집을 보여줬는데도 마음에 드는 게 없다고 그냥 가면, 헛품 팔았다고 입맛을 다시며 복덕방 앞의자에 힘없이 걸터앉아 담배를 피웠다.

많은 사람이 '복덕방 할아버지'라고 불렀지만, 조선시대에는 '가쾌家儈', 일제강점기와 광복 후 얼마 동안은 '집주릅'이라고 불렀다. '집 흥정 붙이는 일을 직업으로 가진 사람'이라는 뜻이다. '복덕방福德房'이라는 말은 생기복덕(生氣福德, 복과 덕을 가져다주는 곳)에서 유래했다는 설이 유력하다.

복덕방이라는 단어가 처음 신문에 등장한 건 1900년 11월 1일자 〈황성신문〉 광고에서다. 당시 사진자료에는 복덕방 간판도 보인다. 집주릅이라는 단어는 이보다 빠른 1899년 신문에 등장한다. 이렇게 근대의 초입에 등장한 복덕방이 일제강점기에는 단순히 집만 소개하는 게 아니라 투기를 조장하는 데 한몫하기도 했다. 이태준이 1937년에 발표한 소설 《복덕방》에 당시의 투기바람이 잘 묘사되어 있다. 대략의 내용은 다음과 같다.

복덕방 주인은 구한말에 훈련원의 참위로 봉직했던 서 참위다. 안 초시는 여러 차례에 걸친 사업 실패로 몰락해 서 참위의 복덕방에서 신세를 지고 있다. 무용가로 유명한 딸이 있으나, 딸에게 짐이 되기 싫어 재기하려는 꿈을 안고 살아간다. 박 영감은 훈련원 시절 서 참위의 친구다. 재판소에 다니는 조카를 빌미로 대서업을 한다고 일어공부를 열심히 한다. 그는 재기를 꿈꾸던 안 초시에게 부동산 투자에 관한 정보를 일러준다. 안 초시는 딸이 마련해준 돈을 몽땅 부동산에 투자한다. 그러나 1년이 지나도 새로운 항구가 건설된다든가, 땅값이 오를 기미는 전혀 보이지 않는다. 결국 박 영감에게 정보를 준 사람이 자신의 땅을 처분하기 위해 사기극을 벌인 것이었음이 밝혀진다. 충격을 받은 안 초시는 음독자살한다.

그러나 한국전쟁 후에는 먹고사는 게 최우선 과제였으므로, 1950년대 복덕방은 투기를 부추길 상황이 아니었다. 당시 복덕방은 집이나 방을 찾는 사람들의 안내자 역할에만 충실했다.

윌리 세일러의 〈휴식〉(286쪽)은 1950년대에 시골에서 농사를 짓던 우리의 아버지 혹은 할아버지가 집 마당에서 휴식을 취하는 모습을 담고 있다. 당시 우리나라 인구의 65퍼센트가 농촌에 살았다. 경운기 같은 농기구가 없던 시절이라 소를 이용해 쟁기질하고, 호미로 잡초를 맸다. 추수 때는 낫으로 벼를 베 지게로 운반했고, 낟알은 홀태로 털었으니, 손에서 일이 떠날 날이 없었다. 당시 농사는 그렇게 고된 노동의 연속이었고, 추수가 끝난 농한기에도 다음 해 농사를 준비하기 위해 부지런히 몸을 움직여야 했다.

그렇게 힘든 농사였기에 부모들은 자식이 대를 이어 농사꾼이 되기를 원치 않았고, 조금만 형편이 되면 자식들을 서울로 올려보냈다. 일일이 사람 손이 필요한 시절이라, 시골에 있으면 공부보다는 농사일을 도와야 했기 때문이다. 그래서 논과 밭을 팔아서라도 서울로 유학을 보냈던 것이다. 그래서일까, 〈휴식〉에서 문간방은 비어 있다. 방문을 항아리와 갈퀴가 막고 있다.

쪼그리고 앉아 따뜻한 햇볕을 쬐며 담배를 피우는 농사꾼의 얼굴에서 피곤함과 쓸쓸함이 묻어난다. 빈 가슴이 클클해 늦게까지 막걸리를 마셨을 수도 있고, 호롱불 아래서 밤늦도록 새끼를 꽜을 수도 있다. 이런 농부의 삶에 대해 1990년대 시인 오봉옥은 이렇게 노래했다.

윌리 세일러, 〈휴식〉, 동판화, 29×21cm, 1957년, 개인 소장.

쪼그리고만 살았던 일평생
정녕 소원은 무엇입니까
허기진 배 찌꺼기나 드시고
자식새끼 배 부르는 거
자식놈 따습게 재우는 거요?

인젠 쬐까 있는 밭뙈기도 없이
어쩌자고 팔으셔야만 해놓고
두루두루 흙 한줌씩 살펴보고
흘리시는 눈물은 무엇입니까.

_오봉옥, 〈농꾼은〉 부분

 우리의 근대는 일제강점기와 한국전쟁의 암울한 현실 속에서 진행되었다. 그러나 교육을 중요하게 여기는 전통이 있었기에, 일제강점기에도 자식들 교육에 심혈을 기울였고, 전쟁 중에도 천막학교에 보내 공부를 시켰다. 전쟁으로 폐허가 된 상황에서도 어머니들은 함지를 머리에 이고 행상을 했고, 아버지들은 열심히 농사를 짓거나 직장에 다녔으며, 할머니 할아버지들은 집을 개조해 구멍가게를 차렸다. 누나언니들은 동생들 학비를 벌기 위해 식모살이를 하거나 공장에 들어가 밤늦게까지 일했고, 형오빠들도 막노동을 마다하지 않고 기술과 장사를 배웠다. 누구 하나 예외없이 모두가 그렇게 근면하게 일하고 공부해 그 어려운 시기를 헤치고 나온 것이다. 우리는 이렇게 온 몸으로 근대를 지나 현대로 발걸음을 옮겼다.

박수근, 〈귀로〉, 하드보드에 유채, 23.3×14.2cm, 1964년, 개인 소장.

쪼그리고만 살았던 일평생
정녕 소원은 무엇입니까
허기진 배 찌꺼기나 드시고
자식새끼 배 부르는 거
자식놈 따습게 재우는 거요?

인젠 쬐까 있는 밭뙈기도 없이
어쩌자고 팔으셔야만 해놓고
두루두루 흙 한줌씩 살펴보고
흘리시는 눈물은 무엇입니까.

_ 오봉옥, 〈농꾼은〉 부분

    우리의 근대는 일제강점기와 한국전쟁의 암울한 현실 속에서 진행되었다. 그러나 교육을 중요하게 여기는 전통이 있었기에, 일제강점기에도 자식들 교육에 심혈을 기울였고, 전쟁 중에도 천막학교에 보내 공부를 시켰다. 전쟁으로 폐허가 된 상황에서도 어머니들은 함지를 머리에 이고 행상을 했고, 아버지들은 열심히 농사를 짓거나 직장에 다녔으며, 할머니 할아버지들은 집을 개조해 구멍가게를 차렸다. 누나언니들은 동생들 학비를 벌기 위해 식모살이를 하거나 공장에 들어가 밤늦게까지 일했고, 형오빠들도 막노동을 마다하지 않고 기술과 장사를 배웠다. 누구 하나 예외없이 모두가 그렇게 근면하게 일하고 공부해 그 어려운 시기를 헤치고 나온 것이다. 우리는 이렇게 온 몸으로 근대를 지나 현대로 발걸음을 옮겼다.

박수근, 〈귀로〉, 하드보드에 유채, 23.3×14.2cm, 1964년, 개인 소장.

주

1. 영문은 1979년 코네티컷주 스탬퍼드 박물관의 〈허버트 보스 유작전 도록〉에, 번역문은 1982년 국립현대미술관의 〈구한말 미국인 화가 보스가 그린 고종 황제 초상화 특별전시 도록〉에 수록되었다.
2. 당시 미국 공사관 1등서기관 W. F. 샌즈 역시 훗날 저술한 《조선비망록Undiplomatic Memories》(McGraw-Hill Book, 1930)에서, 네덜란드 화가 신혼부부를 공사관 안에 있는 자신의 한옥에 머물게 했다고 기록했다.
3. 《서화백년》, 김은호, 중앙일보사, 1977, p. 68.
4. 〈르 프티 주르날〉 1900년 12월 16일, 번역 : 최미숙(프랑스 리옹3대학 철학박사).
5. 〈파리 만국박람회 카탈로그〉 중 대한제국 설명 부분, 번역 : 최미숙.
6. 민영찬을 프랑스 주재 특명전권공사로 임명하는 고종의 칙서, 번역 : 한국고전번역원 오세옥 연구원.
7. 루트 미국 국무장관이 주미 일본 공사에게 보낸 1905년 12월 21일 서류.
8. 상하이 일본 공사관에서 서울의 통감부로 보낸 외교전보, 1906년 6월 25일.
9. 일본 외교문서 왕전往電 제76호, 1907년 7월 20일.
10. 최서면, 〈안중근, 독립을 넘어 평화로〉, 예술의전당 서예박물관 2009 10. 26~2010. 1. 24 전시 도록 p. 8.
11. 1910년 2월 7일 관동도독부 지방법원 진술, 《안중근 전쟁 끝나지 않았다》 이기웅, 열화당, 2010.
12. 번역 및 자문 : 한국고전번역원 오세옥 연구원.
13. 조선총독부는 병합 기여도를 검토해 이재완·이재각·이해창·이해승·윤택영·박영효에게는 후작, 이지용·민영린·이완용李完用에게는 백작, 이완용李完鎔·이기용·박제순·고영희·조중응·민병석·이용직·김윤식·권중현·이하영·이근택·송병준·임선준·이재곤·윤덕

영·조민희·이병무·이근명·민영규·민영소·민영휘·김성근에게는 자작, 윤용구·홍순형·김석진·한창수·이근상·조희연·박제빈·성기운·김춘희·조동희·박기양·김사준·장석주·민상호·조동윤·최석민·한규설·유길준·남정철·이건하·이용태·민영달·민영기·이종건·이봉의·윤웅렬·이근호·김가진·정낙용·민종묵·이재극·이윤용·이정로·김영철·이용원·김종한·조정구·김학진·박용대·조경호·김사철·김병익·이주영·정한조에게는 남작 작위를 수여했다.

14. 〈매일신보〉 1911년 4월 13일자 '윤 후작의 재산 경매'.
15. 〈대한매일신보〉 1910년 2월 8일자.
16. 사진 설명은 김용숙의 《조선조 궁중풍속 연구》(일지사, 1987), 〈매일신보〉 1918년 1월 25일자 기사, 〈동아일보〉 1920년 6월 3일자 기사를 참조했다.
17. 〈동아일보〉 1921년 2월 25일자.
18. 윤병로, 《박종화의 삶과 문학》, 성균관대학교 출판부, 1992년, p. 171.
19. 현승걸의 수필 〈통일 념원에 대한 일화〉 참고, 《통일예술》, 1990년, 도서출판 광주.
20. 〈동아일보〉 1975년 6월 17일자 '6·25비망록—서울 패주'.

참고문헌

Elizabeth Keith and Robertson Scott, 《Old Korea》, Hutchinson & Co., 1946.
엘리자베스 키스, 송영달 옮김, 《영국 화가 엘리자베스 키스의 코리아》, 책과함께, 2006.
윤해동 외 지음, 《근대를 다시 읽는다 1·2》, 역사비평사, 2006.
이태진, 《동경대생들에게 들려준 한국사》, 태학사, 2005.
예용해, 《인간문화재》, 대원사, 1997.
유근형, 《고려청자》, 오른사, 1982.
문영대·김경희, 《러시아 한인 화가 변월룡과 북한에서 온 편지》, 문화가족, 2004.
박지향, 《일그러진 근대》, 푸른역사, 2003.
최병택·예지숙, 《경성리포트》, 시공사, 2009.
한명희·송혜진·윤중강, 《우리 국악 100년》, 현암사, 2001.
국립문화재연구소·조선희, 《화혜장》, 민속원, 2007.
김용숙, 《조선조 궁중 풍속 연구》, 일지사, 1987.
최규진 엮음, 《근대를 보는 창 20》, 서해문집, 2007.
셔우드 홀, 김동열 옮김, 《닥터 홀의 조선회상》, 좋은씨앗, 2003.
W. F. 샌즈, 신영복 역주, 《조선비망록》, 집문당, 1999.
Carole Careron Shaw, 《The Foreign Destruction of Korean Independence》, 서울대학교 출판부, 2007.
Isabella B. Bishop, 《Korea and Her Neighbors》, Fleming H. Revell Co., 1897.
이사벨라 버드 비숍, 이인화 옮김, 《한국과 그 이웃 나라들》, 살림, 1994.
윌리엄 길모어, 이복기 옮김, 《서양인 선교사 윌리엄 길모어, 서울을 걷다 1894》, 살림, 2009.
윤범모, 《근대 유화 감상법》, 대원사, 1997.
김은호, 《서화백년》, 중앙일보사, 1977.

김은신, 《한국 최초 101 장면》, 가람기획, 1998.
장숙환, 《전통 장신구》, 대원사, 2002.
이민원, 《한국의 황제》, 대원사, 2001.
전우용, 《서울은 깊다》, 돌베개, 2008.
김삼웅 외 지음, 《친일파 2》, 학민사, 1992.
최승희, 《불꽃, 최승희 자서전》, 자음과모음, 2006.
정수웅, 《최승희》, 눈빛, 2004.
조성오, 《우리 역사 이야기 3》, 돌베개, 1993.
임종국, 《실록 친일파》, 돌베개, 1991.
강만길, 《고쳐 쓴 한국 근대사》, 창작과비평사, 1994.
조이담·박태원, 《구보씨와 더불어 경성을 가다》, 바람구두, 2005.
이순우, 《그들은 정말 조선을 사랑했을까?》, 하늘재, 2005.
김정동, 《고종 황제가 사랑한 정동과 덕수궁》, 도서출판 발언, 2004.
권보드레, 《1910년대, 풍문의 시대를 읽다》, 동국대학교출판부, 2008.
천정환 외 편저, 《식민지 근대의 뜨거운 만화경》, 성균관대학교출판부, 2010.
연구공간 수유+너머 근대매체연구팀, 《신여성》, 한겨레신문사, 2005.
국립현대미술관 기획, 김윤수 외 57인 지음, 《한국미술 100년》, 한길사, 2006.
이구열, 《우리 근대미술 뒷이야기》, 돌베개, 2005.
윤건차, 《한국 근대교육의 사상과 운동》, 청사, 1987.
김남수 외 엮음, 《100년 전의 한국사》, 휴머니스트, 2010.
예술의전당 서예박물관, 《안중근》, 예술의전당, 2009.
이기웅 옮겨엮음, 《안중근 전쟁 끝나지 않았다》, 열화당, 2010.
국립중앙박물관 편저, 《아름다운 금강산》, 한국박물관회, 1999.
엘리자베트 샤바놀, 《서울의 추억》, 프랑스 국립극동연구원, 고려대학교 박물관, 2006.
이각규, 《한국의 근대박람회》, 커뮤니케이션북스, 2010.
박영숙·김유경 엮음, 《서양인이 본 금강산》, 문화일보, 1998.

수록 작품 찾아보기

이 책에 사용된 그림은 저작권을 확인하고 사용허락 절차를 밟았습니다.
부득이하게 누락된 작품은 연락이 닿는대로 절차를 밟아 허락을 구하도록 하겠습니다.

1900년 파리 만국박람회 대한제국관 삽화(르 프티 주르날) 35
1929년 조선박람회 지도(요시다 하츠사부로 吉田初三郎 제작) 208
순종의 즉위식 삽화(라 트리부나 일루스트라타) 43
안중근의 이토 히로부미 저격 장면 삽화(라 트리부나 일루스트라타) 46
안중근의 이토 히로부미 저격 장면 삽화(일본 신문) 48
작가 미상, 10폭 병풍 〈평양도〉 부분 87
청자상감 모란문 표주박 모양 병(국보 제116호) 141

구본웅, 〈깨어진 충무로〉 246
＿＿＿, 〈친구의 초상〉 175
김기창, 〈구멍가게〉 254
＿＿＿, 〈복덕방〉 283
＿＿＿, 〈부산 천막교실〉 251
＿＿＿, 1937년 크리스마스실 도안 185
＿＿＿, 1938년 크리스마스실 도안 190
김성환, 〈1950년 9월 28일, 혜화동 로터리의 포로들〉 245
＿＿＿, 〈1950년 6월 30일, 원남동 서울대 의과대학 뒷마당〉 243
＿＿＿, 〈1950년 9월 15일, 독립문에서의 의용군 강제 모집〉 244
김오헌, 〈내·외금강산 전도〉 145
김용준, 〈수향산방 전경〉 181
＿＿＿, 〈홍명희 선생〉 215
김원, 〈1·4 후퇴〉 249
김은호, 〈순종 황제 어진 초본〉 43
＿＿＿, 〈윤덕영 초상〉 73

_____, 〈윤택영 초상〉 73
김주경, 〈북악산을 배경으로 한 풍경〉 168
김중현, 〈실내〉 158
김환기, 〈꽃장수〉 253
릴리언 밀러, 〈노을 속의 황포돛배〉 84
_____, 〈마하연, 금강산〉 152
_____, 〈조선의 가을 저녁〉 113
_____, 〈조선의 어머니〉 115
_____, 〈한강의 황포돛배〉 82
문신, 〈피난살이〉 255
박고석, 〈범일동 풍경〉 270
박득순, 〈서울 풍경〉 206~207
박수근, 〈귀로〉 288
배운성, 〈최승희의 장구춤〉 223
백윤문, 〈분노〉 198~199
변월룡, 〈1953년 9월의 판문점 휴전회담장〉 261
_____, 〈공훈무용가 최승희〉 234
_____, 〈김일성과 홍명희, 김두봉〉 218
_____, 〈대동강변의 여인들〉 268
_____, 〈숙제 검사하는 최승희〉 233
_____, 〈판문점에서의 북한 포로 송환〉 264
_____, 〈평양의 대동문〉 267
안중근, 〈독립〉(붓글씨) 52
안중식, 〈탑원도소회지도〉 55
엘리자베스 키스, 〈궁중악사〉 129
_____, 〈궁중예복을 입은 공주〉 68
_____, 〈금강산 구룡폭포〉 149
_____, 〈금강산의 전설〉 148
_____, 〈대금 연주자〉 131
_____, 〈미망인〉 63
_____, 〈민씨가의 규수〉 100
_____, 〈신발 만드는 장인들〉 120
_____, 〈신식 학교(창신 공립 보통학교)〉 94
_____, 〈운양 김윤식〉 59
_____, 〈원산 서당의 훈장과 학생들〉 107
_____, 〈좌고 연주자〉 130

_____, 1934년 크리스마스실 도안 188
_____, 1936년 크리스마스실 도안 189
_____, 1940년 크리스마스실 도안 192
윌리 세일러, 〈빈틈없는 계산〉 280
_____, 〈악착같은 장사〉 281
_____, 〈휴식〉 286
이갑향, 〈격자무늬옷의 여인〉 166
이수억, 〈구두닦이 소년〉 272
이승만, 〈이상과 구본웅〉 177
이응로, 〈재건 현장〉 274
_____, 〈한강 도강〉 240~241
이쾌대, 〈해방고지〉 202
정종여, 〈오세창 선생 초상〉 122
조덕환, 〈이승만 대통령과 아이젠하워〉 259
주경, 〈뜨개질하는 여인〉 170
채용신, 〈춘우정 투강 순절도〉 60
콘스턴스 테일러, 〈서울 거리 풍경〉 18
폴 자쿨레, 〈도공〉 136
휴버트 보스, 〈고종 황제 초상〉 27
_____, 〈민상호 초상〉 25
_____, 〈서울 풍경〉 15

인물 찾아보기

ㄱ

고종 15~17, 24, 26~32, 34, 36, 38~40, 43, 69, 75
고희동 6
구니토모 시게아키 16
구본웅 175~177, 179, 181, 246
김구 213~214, 216, 218
김규식 210, 214, 216, 218
김규진 152~153, 242
김기창 185, 189~190, 196, 250, 254~255
김두봉 218
김성환 240~241, 243~245
김용준 181, 215
김윤식 58~59, 61
김은호 26, 43, 73, 196
김일성 214, 216, 218, 232~233, 262~263
김점동(박에스더) 183
김주경 167~168
김창협 153
김홍집 16, 91
김환기 181, 252~253
김황원 86

ㄴ, ㄷ, ㄹ

나성순 143
나혜석 196
덕혜 옹주 69, 79, 98~99, 101~104, 123
도미타 기사쿠 135

ㅁ

명성황후 15~17, 22, 24, 32, 34, 38, 40, 57, 61, 67, 71, 99, 101, 157
문신 255, 257
미우라 고로 16
미텔, 콘스탄티 44, 47
민상호 24~25, 26, 30, 32, 71
민영달 57
민영찬 33~34, 37~42, 71, 99, 101~103
민영환 38, 54
민용아 99, 101, 104, 123
밀러, 릴리언 81~82, 84~85, 89, 112~113, 115, 151~153

ㅂ

박고석 269~270
박영효 62
박은식 51
박제순 39, 195
박종화 61, 105
박춘금 210~211
박태원 168, 178
박흥식 211~212
배상명 171, 173
배운성 152, 223
백두용 196, 200
백선엽 258, 260~261
백윤문 196~201
변동림(김향안) 168, 174, 179~181
변월룡 218, 233~234, 261, 264~268
보스, 휴버트 14, 16, 19, 20, 23~25, 27, 71, 205
비숍, 이사벨라 18, 81, 144, 150~151

ㅅ

샌즈, W. F. 29
성경린 131
세일러, 윌리 278~279, 280~282, 285~286
순정효황후 67, 70~72, 75, 79, 164, 195
순종 24, 32, 49, 67, 70~72, 74~75, 78~79, 99, 101~102, 164
스크랜턴, 메리 157~158, 161
신채호 51
심훈 118

ㅇ

아이젠하워 258~261, 277
아펜젤러, H.G. 17
안막(안필승) 222, 224, 228~229, 232~233, 235~236
안중근 44~45, 47~53
안중식 55~56, 152
앨런, H. N. 17, 21~23
양기탁 51
언더우드, H. G. 17, 146
엄 귀비 157, 161
여메레 161
오봉옥 285, 287
오세창 56, 122
유근형 137~140
유길준 57, 69, 76~78
유억겸 69~72, 76
윤덕영 72~73, 75~76, 78, 195
윤심덕 174
윤용구 57
윤치호 69, 157, 160
윤택영 67, 70~79
윤희섭 69~70, 72, 76~78
이갑향 166
이광수 118, 195, 209~210, 217
이상 168, 174, 176~182
이승만(대통령) 238, 259~265, 212
이승만(삽화가) 177
이시이 바쿠 222, 224~225
이완용 43, 49, 61, 75, 91. 195
이용직 61
이응로 240~242, 274
이재유 64
이주하 64
이쾌대 202~203
이태준 178, 284
이토 히로부미 42~51, 53
이해순 103

ㅈ

자쿨레, 폴 136, 141~143
장지연 51
전형필 56, 135, 196
정경원 34
조덕환 259
조소앙 214, 216
조창호 266
주경 170

ㅊ, ㅋ, ㅌ, ㅍ

최남선 196, 217
최린 209
최승희 221~236
키스, 엘리자베스 58~59, 62~72, 78, 94~97, 100~101106~107, 120~124, 130~131, 147~150, 188~193
테일러, 콘스턴스 18
펑더화이 262
프랑댕, H. 34

ㅎ

한고남 99
한규설 57
한성준 224
홀, 로제타 셔우드 17, 65, 183
홀, 셔우드 183~194
홍기문 217
홍명희 214~220
홍석중 217
흥선대원군 14~15, 57